AF311189

LE FAUX SAVANT,

COMEDIE

Par M. DU VAURE.

Repréſentée pour la premiere fois par les Comédiens Ordinaires du Roy, le 13 Août 1749. & continuée dans le mois de Septembre ſuivant.

Quid rides ? Mutato nomine, de te Fabula narratur.

Horat. Sat.

Le Prix eſt de trente ſols.

A PARIS,

Chez SEBASTIEN JORRY, Imprimeur-Libraire, Quai des Auguſtins, près le Pont S. Michel, aux Cigognes.

M. DCC. XLIX.

Avec Approbation & Privilége du Roy.

PREFACE.

SI j'ai tenté une entreprise hardie en assemblant les honnêtes Gens, dans le dessein de les faire rire à leurs dépens ; ma témérité, sans doute, est excessive, en exposant mon Ouvrage au grand jour de l'impression. Le succès Théâtral ne me rassure point. Combien d'Auteurs applaudis, dans le tumulte de la Représentation, ont été sifflés dans le silence du Cabinet. Le Lecteur, Juge tranquille ; mais sevére, ne pardonne rien. L'Art des Acteurs ne fait plus illusion. La réflexion découvre des défauts dans les productions des plus Grands Maîtres ; jamais crainte ne fut donc mieux fondée que la mienne : moi, qui né avec des talens si bornés, ai suivi presque toute ma vie le métier des Armes, trop ordinairement éloigné de l'application aux

Sciences. Etre Guerrier, ne fut jamais un titre pour être ignorant? Pourquoi un Militaire n'oferoit-il en France fe préfenter à vifage découvert dans la carriere redoutable du Théâtre? Pourquoi certaines Gens ont-ils la foibleffe de garder l'*incognito*, en travaillant dans le genre Dramatique?

D'où peut naître ce procédé? Eft-ce la chofe dans elle-même? Eft-ce l'incercitude du fuccès? Seroit-ce la honte attachée à la chute? N'eft-ce point plutôt les fades railleries de quelques mauvais Plaifans, efpéces de faux Petits Maîtres, auffi étourdis que pareffeux & ignorans, qui manquant de génie, ou de volonté, ont plutôt fait de condamner que de tanter. Ces Auteurs Anonimes ne craindroient-ils point de rencontrer ces Perfonnages groffiers, péfans, fans culture, qu'on trouve quelquefois, même dans la bonne Compagnie? enflés de leurs dignités, ou de leur opulence, ils fe croyent plainement vangés de leur ftupidité & de leur peu de goût, en fe répandant en lieux communs, en bas Proverbes contre les Poëtes.

Peut-être, dois-je à la force que j'ai eu de m'élever au-deffus de ces inconvéniens, l'extrême indulgence dont le Public a honoré ma Comédie.

Les Nations les plus fensées, les plus fpirituelles, les plus polies de l'Europe, Les Anglois, les Italiens cultivent hautement, honorent, careffent, récompenfent avec profufion les Sciences & les Arts. Le François, fi éclairé en tant de chofes, feroit-il le feul qui n'oferoit faire ufage de fa raifon ?

Pourquoi defapprouvons-nous auffi l'état de Comédien ? Qu'a-t'il de deshonorant, de condamnable ? Quoi ! peindre les paffions, exciter l'admiration, émouvoir, attendrir, étonner, corriger, inftruire fon fiécle, amufer, divertir les honnêtes Gens, feroit une baffeffe ? Confondrons-nous toujours nos idées? Diftinguons les fiécles, les motifs.

Lorfque dans les premiers tems on s'eft foulevé contre les Spectacles ; la Comédie faifoit partie du culte des faux Dieux ; elle perpétuoit l'Idolâtrie ; fon langage étoit obfcène ; les actions des Mimes, des Pantomimes, des Sauteurs, des Bâteleurs, confondus mal-à-propos avec les Comédiens, étoient des farces également groffiéres & indécentes ; les poftures lafcives y attiroient la foule. Il

devoit conféquemment réjaillir de la
honte, fur ceux qui donnoient au Peu-
ples ces images de turpitude.

Ces mêmes raifons ont autrefois ani-
mé nos Légiflateurs. Mais aujourd'hui,
le Théâtre devenu le fléau du ridicule,
des folies, des vices ; l'école de la vertu, rendons notre eftime & notre amitié à ceux & à celles qui fe diftinguent
dans un Art, où pour exceller, il faut
réunir toutes les qualités du corps, de
l'efprit & du cœur ; ne voyons-nous
pas les perfonnes les plus auguftes, par
leur naiffance, trouver un plaifir bien
vif à repréfenter fur la Scene ? Mais,
dit-on, ils s'en amufent ; ils n'en reçoi-
vent aucun produit ; c'eft au contraire
une dépenfe pour eux. Si les Comédiens étoient nés avec de la fortune,
ils agiroient de même. Je demande quel
eft la profeffion dans le monde, où le
falaire n'eft pas joint à la gloire ? Pourquoi donc fera-t'il déshonnête d'être
payé en exerçant un Art pénible, utile,
& glorieux ? La faculté de penfer eft-
t'elle incompatible avec la vivacité
Françoife ?

Si je voulois fortifier mon raifonne-
ment, par des exemples, la Grece en-

tiere, Athènes, où tout l'esprit Attique, sembloit s'être retiré, me fourniroit une infinité de Gens de qualité, Ambassadeurs, Généraux, Magistrats & Comédiens. * Quand la forme du Gouvernement de ces fameux Républicains changea, les Rois répandirent à pleines mains les honneurs & les récompenses sur les Acteurs.

Les Romains les chérirent, les enrichirent. ** Si le Sénat fit quelquefois des Décrets contre eux, la dépravation de leurs mœurs les occasionna, & non le vice de leur Profession. Dans d'autres circonstances, les maximes d'État les condamnerent, comme ayant eu trop de part à la confidence de certains Empereurs proscrits. La tranquillité rétablie, les Césars abolirent les loix faites contre eux, & en firent de nouvelles en leur faveur.

L'Art de la déclamation étoit si considéré dans Rome, que le jeunes Gens

* Aristodemus fut Ambassadeur, Archias Général, Eschius & Aristonicus, Sénateurs, &c.

** Esope laissa à son fils près de deux millions, Roscius avoit par an 6500 écus, Lucullus donna souvent à tous les Acteurs des robes de pourpre, &c.

de la plus haute naiſſance, ſe mêloient parmi les Comédiens ; récitoient avec eux devant le Peuple ; & ces mêmes Peres qui condamnoient à la mort leurs enfans, pour avoir vaincu ſans leurs ordres, les accabloient de careſſes & de préſens, quand ils avoient mérité des applaudiſſemens. Ces graves Romains étoient liés avec les Acteurs d'un commerce étroit ; Ciceron, ce pere de la Patrie, étant Conſul, paſſoit une partie du tems que ſes importantes occupations lui laiſſoient avec Eſope & Roſcius ſes amis ; il publie que c'eſt d'eux qu'il a appris l'Art de parler en Public. Ce même Roſcius obtint l'Anneau d'Or & le rang de Chevalier Romain, ſans abandonner le Théâtre.

Mais devons-nous chercher des exemples dans des ſiécles éloignés ? le notre en produit de très-dignes d'imitation. Les Anglois que j'ai déja cités, peut-on trop citer les bons modèles ? Cette Nation profonde, ſi reſpectable, auſſi ſavante que guerriere, fait non-ſeulement ſentir les effets de ſa bienveillance & de ſa généroſité, aux Acteurs & aux Actrices célébres pendant leur vie, mais encore après leur mort ; les Gens qualifiés les accompagnent au tombeau; * on décore leur sépulture, on les honore de regrets & d'éloges publics.

Regardons un bon Comédien, qui a des mœurs comme un Personnage estimable, aussi agréable que nécessaire à la Société.

Revenons à mon Ouvrage. L'on n'a pas crû devoir retrancher quelques endroits, marqués par des guillemets, & supprimés dans la Représentation, pour ne pas refroidir l'action.

On a fait plusieurs objections contre le Faux-Savant, je n'en ai pas dit tout ce qu'on en peut dire, j'en conviens; je crois qu'il suffit d'avoir donné à l'homme artificiel, que j'ai organisé, les traits les plus frappans de son caractère; d'ailleurs, malgré mes précautions, & la pureté de mes intentions, dans un siécle aussi malin qu'éclairé, on ne sçauroit être trop en garde contre les applications: des coups de pinçeau plus déliés les auroient peut-être occasionnées; j'ai dû être attentif à les éviter. Tout galant homme n'ambitionnera jamais de faire

---

* Le Poële de l'ODEFIELD & de quelques autres Actrices fameuses, fut porté à Londres par plusieurs Ducs.

applaudir son esprit aux dépens de son cœur.

Le dernier Acte, ajoute-t'on, n'est pas aussi vif que les deux premiers, j'en conviens encore ; mais outre que le Comique Littéraire n'est pas à chaque Scêne susceptible de cette joye vive qu'on cherche au Théâtre ; quelles sont les Piéces dramatiques également brillantes ? J'ai crû remplacer le Comique-faillant par la Scêne de l'examen du Précepteur ; qui, en démasquant Polimatte, acheve de le caractériser ; j'ai crû plaire & intéresser par la Scêne du Tableau, que j'ose penser extrêmement Théâtrale, & peut-être la plus finie de ma Piéce.

À l'égard de quelques autres Critiques, elles m'ont paru trop foibles pour y répondre. Je souhaite que les Comédies que je hazarderai à l'avenir sur la Mer orageuse du Théâtre, m'attirent encore plus de Censeurs. Malheur à l'Auteur qu'on ne critique point.

ACTEURS.

DORIMAN, Pere de Lucile.   *M. de la Thorilliere.*

LUCILE, Fille de Doriman.   *Mlle Grandval.*

POLIMATTE.   *M. Poisson.*

LISIDOR, Amant de Lucile. *M. Ribou.*

ARAMINTE, Sœur de Doriman. *Mlle Lavoye.*

TIMANTONI, Maître de Langue Italienne.   *M. Armand.*

LISETTE, Femme de Chambre d'Araminte.   *Mlle Dangeville.*

FORTUNE', Valet de Polimatte.   *M. Deschamps.*

LAFLEUR, Laquais de Doriman.

PLUSIEURS DOMESTIQUES de suite.

La Scène est à Paris dans la Maison de Doriman.

LE FAUX SAVANT,
COMEDIE.

ACTE PREMIER.
SCENE PREMIERE.

LUCILE, *seule, toute éplorée.*

NON, je n'en puis reve-
nir ; quelle furprife, Juf-
tes Dieux ! à quelle extré-
mité me vois-je réduite ?
Ah, Doriman, ne vous
montrerez - vous jamais mon pere que
par votre autorité ! Raifons, prieres,
larmes, rien n'a pû vous fléchir.....
Mille projets confus viennent s'offrir à
mon efprit, aucun ne me détermine.....
Tantôt, amante tendre & défefpérée,
je n'écoute que ma paffion ; tantôt, vic-
time des bienféances, je ne veux fuivre

A

que mon devoir. Que puis-je donc ré-
soudre ? Ciel ! est-il un combat plus
cruel que celui de l'amour & de la vertu ? Dois-je.....

SCENE II.

LUCILE, TIMANTONI.

TIMANTONI, *mal vêtu, il conserve la
prononciation Italienne.*

Servitour très-houmble, Mademiselle ; je vous prie de m'excouser, si
je viens un po piou tard qu'à l'ordina-
rio, ma j'ai depoüs avant-hier trois
nouveaux Accoliers, un Milord, una
vieilla Duchessa & son joune Peroquet
à qui j'ai l'honnour d'apprendre aussi
l'Italian. Allons, commençons votre
leçon ; *parliamo Italiano. Vossignoria
hà tradotto.....*

LUCILE.

Ah Monsieur, Timantoni, je ne suis
point en état de prendre ma leçon ;
vous me voyez accablée par les réfléxions les plus tristes......

TIMANTONI.

Vous , Mademiſelle ! des réfléxions à votre âge , & triſtes encor ! *Burla-té , Signoria , Burlaté.*

LUCILE.

Je parle très-ſérieuſement , mon père eſt de retour.

TIMANTONI.

O caro Padron ! .... Louy ſeroit-il arrivé quelque accidenté ?

LUCILE.

Non , mais je touche au moment qui va me rendre la plus malheureuſe perſonne du monde.

TIMANTONI.

Comment ?

LUCILE.

(*bas à part.*) Le danger eſt preſſant, parlons. (*haut.*) Il veut me forcer d'é-pouſer un homme que je hais à la mort.

TIMANTONI.

Grandes diſpoſitions à devenir ſa femme !

LUCILE.

Puiſſai-je plûtôt reſter fille toute ma vie !

TIMANTONI.

Reſter fille ! y penſez-vous ? *cara Si-gnora.* Quel eſt donc lou digracié mor-

A ij

tel qui vous oblige à faire oun vœu si
difficile à remplir ?

LUCILE,

C'est Monsieur Polimatte, ai-je tort ?

TIMANTONI.

Oui, Mademiselle, avec votre per-
missione, vous avez tort, & très-grand
tort, vous ne devez point être si fâchée : Mousou Polimatte n'est point
grand, ma sa petite taille lui sied bien;
il a, avec oune phisionomie d'esprit,
un air jovial ; bien mis, & pouli, quoique savant, toujours occupé avec des
Livres, quelquefois à la Cour, souvent
à la Campagne ; c'est un demi vouva-
ge, vous serez piou heureuse que vous
ne pensez.

LUCILE,

Que vais-je devenir ! Quel coup pour
un amant dont je suis si tendrement
aimée.

TIMANTONI.

Ah, ah ! vous avez le cou pris ! votre haine, ni votre chagrin ne me sour-
prennent piou, cela est dans l'ordre.

LUCILE.

Voudriez-vous, mon cher Monsieur
Timantoni, me rendre un service essentiel, dont je conserverai un éternel sou-
venir ?

TIMANTONI.

Volontiers, je m'eftimerai trop heu-
roux de vous être outile; *fon fervitor
ma di core fignorina* : ordonnez. Quel
eft ftou fervitcio ?

LUCILE.

Je ne puis m'adreffer qu'à vous; je
le fais avec confiance : vous m'avez
toujours paru fi bon, fi obligeant ...

TIMANTONI.

Je fouis ravi de faire plaifir quand je
lou pouis , & furtout aux perfonnes
que j'eftime & que je refpecte autant
que vous , Mademifelle.

LUCILE.

Voici une occafion de me prouver
votre zéle ; vous fçavez que Monfieur
Polimatte loge ici, il s'y eft rendu le
maître ; tous les Domeftiques dépen-
dent de lui ; vous connoiffez la con-
trainte où je fuis. Le tems preffe , ofe-
rois-je vous prier d'avertir le Comte
Lifidor . . . . .

TIMANTONI.

(*bas à part.*) L'avanture eft plaifan-
te , je le connois ; (*haut.*) Comment
diantre, Mademifelle, me prenez-vous
per un Maître à chanter, ou à danfer ?
Si je voulois les imiter , vous me ver-

riez auſſi bien équipé que la plûpart de
ſtou Meſſieurs ; j'aurois de biaux habits, montre , tabatiere , canne à pom-
me d'or ; pout-être j'aurois auſſi k..k.
k.. * la petite chaiſe. Ma je ne me mêle
que d'enſeigner l'Italian.

LUCILE.

Monſieur. . . .

TIMANTONI.

Il ne ſera jamais dit dans le monde
que Franchiſchino Timantoni ſe ſoit
amouſé à oun commerce équivoque.
Entendez - vous , Mademiſelle ! S'a-
dreſſer à moi , à moi ! me croire capable . . . . Je ſuis dans une colere . . . . at-
taquer ma répoutation. . . .

LUCILE.

Ne vous fâchez point , Monſieur ;
écoutez-moi.

TIMANTONI.

Dans notre race de pere en fils , nous
ne ſommes pas partagés des biens de la
fortoune à la vérité , ma en échange
nous poſſedons l'honnoür , la probité ,
le déſintéreſſement , ce ſont des vertous
de famille.

LUCILE.

Ah ! je n'en doute pas. . . . .

* C'eſt un lazzi de l'Acteur.

TIMANTONI.

N'ai-je pas refousé, il y a houit jours, deux étouis d'oro de la fille d'oun Banquier per rendré simplement oun billet à oun Mousquetaire ; & oun gros Caissier ne vouloit-il pas me donner cinquante louiggi, per loui faciliter oune entrevouë avec la femme d'oun Financier qui étoit aussi mon accoliere ; ma tout l'or dou Perou ne me rendroit pas corrouptible.

LUCILE.

Je le crois ; ce que j'ai à vous proposer est différent.....

TIMANTONI.

Non, je n'écoute rien ; c'est Moussou Polimatte à qui je dois l'avantage honourable de vous enseigner ; il me procoure tous les jours des accoliers , & je pourrois le trahir ! quel cour assez ingrat, assez bas. Oh ; oh, oh ! il y auroit conscienfa....

LUCILE.

Mais je vous promets une récompense si solide....

TIMANTONI.

Promesses, promesses inoutiles. J'ai une morale incorrouptible, vous dis-je.

A iiij

LUCILE, *lui préfentant une montre.*

Acceptez, je vous prie, cette montre d'or.

TIMANTONI.

Eſt-elle à répétition ?

LUCILE.

Oui, Monſieur, ces ſortes de pré-ſens ne ſe refuſent pas.

TIMANTONI, *prenant la Montre.*

(*bas.*) Je n'ai garde. (*haut.*) Que les Dames perſouadent aiſément ; je ne la prends que per me trouver piou aſſi-dou à votre houre.

LUCILE.

J'en ſuis convaincuë. Courez vite chez Liſidor. . . .

TIMANTONI.

Ma vous ne ſongez pas.....

LUCILE.

Laiſſons à part votre délicateſſe, je l'acheterai tout ce qu'elle peut valoir.

TIMANTONI.

C'eſt beaucoup.

LUCILE.

Apprenez-lui que mon pere, à peine arrivé de la Campagne, m'a déclaré le biſarre deſſein qu'il a formé, qu'il me l'a annoncé d'un air abſolu, que furieux de ma réſiſtance, il m'a quitfée, & ne m'a donné qu'une heure pour me déterminer. Si le Comte m'aime ; qu'il agiffe, qu'il parle, qu'il fe déclare....

TIMANTONI.

Signora fi.

LUCILE.

Paffez enfuite chez ma tante Araminte ; dites-lui que je la conjure de tout employer auprès de mon pere pour le diffuader ; je fuis certaine qu'elle lui parlera en ma faveur ; elle haît Polimatte, connoît tout le frivole de fon efprit, & m'a dit cent fois que fes intrigues & fa vanité lui tenoient lieu de mérite.

TIMANTONI.

Si Signora.

LUCILE.

Que Lifidor furtout faffe agir fes amis, que mon pere foit accablé de follicitations.

TIMANTONI.

Vous aimez fourieufement ftou joune homme.

LUCILE.

Ne mérite-t'il pas bien de l'être ?

TIMANTONI.

Oui vraiment, il a l'air nobile, la

jamba bien faite, beau , il me raffem-
ble oun pou de vifage. Il a été mon ac-
colier ; & malgré fa naiffance & la
profeffion des armes , il coultive les
Sciences & les beaux Arts. Votre choix
ne pout être blâmé ; *lafciaté fara mi* ;
Je vais de ce pas chez luí ; s'il n'y étoit
pas , je loui laifferai oune lettre qui l'in-
formera de tout.

LUCILE.

Que ne devrai-je point à vos foins ?

TIMANTONI.

Vous y pouvez compter fourement ;
ce n'eft pas per votre montre ; m'a,
je vois dans votre amour una delica-
teffa , una franchifa , & una vivacitá
qui me gagnent l'ou cor ; & per com-
mencer à vous prouver mon zèle, foui-
vez cet avis ; paroiffez foumife à la
volonté de Monfiour Doriman ; faites
piou , témoignez de la tendreffe à Polimatte.

LUCILE.

Moi, affecter de la tendreffe pour
lui ? Je n'ai point l'art de mafquer mes
fentimens , je fuis née fincere.

TIMANTONI.

Per pou que vous lui faffiez bonne
mine, fon amour propre fera le refte ;

allons diffimoulez un pou ; cela ne coute rien aux Dames.

LUCILE.

Quand je pourrois m'y réfoudre, à quoi cela aboutiroit-il ?

TIMANTONI.

A tout ; vos démarches ne feront point examinées, on ne fe méfiera pas de vous, & nous ferons à portée de prendre des mifoures.

LUCILE.

Je me rens, je fuivrai vos confeils ; allez donc, courez, vòlez, chez Lifi-dòr, & chez Araminte, & que j'aye fur le champ de vos nouvelles

TIMANTONI, *en s'en allant.*

Bafta ; Coufi, fubitò, fubitò. Voilà ouna liçon bien proufitable. *Oh Natou-ra ! Natoura ! . . .*

LUCILE.

Je ne fçai quel heureux preffentiment me flatte contre toute apparence ! J'entens mon pere.

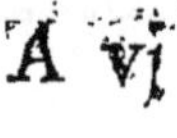

A vj

SCENE III.

DORIMAN, LUCILE.

DORIMAN.

HE bien, Mademoiselle, quelle est votre résolution ? la mienne est prise comme vous sçavez.

LUCILE.

Mon pere.....

DORIMAN.

Quoi, mon pere ? vous n'êtes pas déterminée ? Vous avez entendu mes ordres, & je ne manquerai pas de moyens pour les faire suivre.

LUCILE.

Ils seront inutiles, mon pere.

DORIMAN.

Inutiles, comment vous avez la hardiesse.......

LUCILE.

Oui, votre autorité ne vous est plus nécessaire ; mes réfléxions m'ont changée, je ne m'écarterai jamais de mon devoir.

DORIMAN.

Je voudrois bien voir le contraire,

Ah ! si vous compreniez l'excès du mérite de M. Polimatte....

LUCILE.

J'en connois toute l'étendue.

DORIMAN.

Cela ne se peut pas , il n'y a qu'à
moi qu'elle ne peut échaper ; préparez-
vous à lui faire un accueil digne de
lui.

LUCILE.

Je le receyrai le mieux qu'il me sera
possible.

DORIMAN.

En ce cas je veux bien oublier mes
sujets de plaintes là-dessus , je vous pardonne.

LUCILE.

Quelle bonté !

DORIMAN.

Vous en sentirez toujours les effets ,
quand vous serez soumise à mes volon-
tés ; allez, je suis content de vous.

SCENE IV.

DORIMAN, *seul.*

Voilà ce que produit une bonne éducation ; grace à mon autorité employée à propos, tous mes défirs font comblés. J'aime ma fille, & je ne puis mieux la convaincre de ma tendreffe qu'en l'affociant au deftin du plus fpirituel, du plus favant, du plus parfait des hommes : fuis-je mauvais pere ? Tant que mes enfans fuivront mes ordres., je ne leur ferai aucune violence . . . . . Mais que me veut ma fœur ? elle tranche du bel-efprit, & fa jaloufie contre Polimatte lui fait rabaiffer les talens de ce grand génie toutes les fois qu'elle en trouve l'occafion.

SCENE V.

DORIMAN, ARAMINTE.
ARAMINTE.

NOn, non, Monſieur Timantoni ; ce mariage ne ſe fera point ; il faudroit que mon frere fût le plus imbecille. . . . Le plus. . . . Ah ! Vous voilà Doriman ! Soyez le bien revenu, vous vous êtes toujours bien porté ?

DORIMAN.

Fort bien à votre ſervice : votre ſanté me paroit bonne auſſi.

ARAMINTE.

Très-bonne ; votre ſéjour à la Campagne a été long ; vous devez vous y être bien ennuyé ?

DORIMAN.

Peut-on s'ennuyer un ſeul inſtant où eſt Monſieur Polimatte ; quelles reſſources n'a-t-on pas avec un homme ſi admirable ? C'eſt une Bibliotèque vivante. Il parle de tout en maître ; il raiſonne de tout ; il ſçait tout.

ARAMINTE.

Permettez-moi de n'être pas de votre

sentiment : eh mon frere, si la vie d'un homme suffit à peine pour aprofondir un art ou une science, devez-vous croire qu'il y ait quelqu'un qui les possede toutes ?

DORIMAN.

Je crois ce que je vois ; c'est un génie privilégié ; il est universel, vous dis-je : toutes les sciences semblent être nées avec lui ; c'est le Roi des Beaux-Esprits.

ARAMINTE.

Quelle prévention !

DORIMAN.

Prévention ! n'en est-ce pas une horrible de ne pas penser comme moi de l'Auteur illustre de tant d'ouvrages différens. C'est un grand homme ! il me dédie des livres. Son commerce m'instruit, sa conversation est remplie de bons mots, legére, délicate, amusante, enjouée ; il est fort aimable, contre la coutume de la plûpart des savans qui apprennent tout excepté l'art de plaire. Plus je l'aprofondis ; plus je le trouve au-dessus de sa réputation.

ARAMINTE.

Sa réputation n'est pas si bien établie que vous le pensez. J'ai entendu dire à une infinité de personnes éclairées dont

il est fort connu, qu'il court sans cesse
après l'esprit ; qu'il est captieux dans
ses raisonnemens , recherché, précieux
même dans ses expressions , bizarre
dans ses idées ; ils soutiennent qu'il se
pare des pensées d'autrui ; qu'il a plus
de manége que de science ; ils veulent
que sa présomption , & ses airs suffisans
soient une preuve certaine de son ignorance.

DORIMAN.

Ces gens , & tous ceux qui raison-
nent comme eux sont eux-mêmes des
ignorans, des envieux , des extravagans.

ARAMINTE.

Pourrois-je obtenir d'être écoutée
sans emportement.

DORIMAN.

Peut-on de sang froid entendre appli-
quer à un si galant homme , le portrait
d'un pédant ?

ARAMINTE.

Ne vous y trompez pas ; la pédante-
rie est plus souvent attachée à l'esprit
qu'à la profession ; le monde , je dis
même le grand monde en a autant que
le College ; & ce nom me semble dû à
ceux qui décidant toujours avec autorité,prennent l'air de maîtres dans les con-

verſations ; gens d'un eſprit ſingulier &
ſatirique, rien ne leur plait ; ils donnent
leur goût pour regle ; ils ſe croient les
ſeuls diſpenſateurs de la gloire ; ennor-
gueillis d'une teinture ſuperficielle &
de quelques termes de l'art, ils préten-
dent paſſer pour univerſels ; ils ſont en
liaiſon avec les ſavans les plus célébres;
ils connoiſſent, il eſt vrai, les noms de
toûs les Auteurs, la matiere qu'ils ont
traitée, les bonnes éditions, le titre de
tous les Livres ; mais ils ignorent ce
qu'ils contiennent, ou s'ils en ſavent
une partie, ils en font un ſi mauvais
uſage, qu'on doit, ce me ſemble, pré-
ferer une ignorance modeſte & aimable
à un ſavoir orgueilleux & malin.

DORIMAN.

On ne doit point appeller de vos dé-
ciſions ; une ſavante telle que vous...

ARAMINTE.

Je ſerois fâchée qu'on m'accuſât de
vouloir le paroître ; c'eſt un titre que
l'uſage interdit à mon ſexe ; mais ce
même uſage ne m'ordonne point d'a-
précier plus qu'il ne faut un homme
très-médiocre.

DORIMAN.

Allons, ferme, courage, Madame le
bel-eſprit.

ARAMINTE.

De grace point d'injure.

DORIMAN.

» Voyons à qui vous accorderiez vo-
» tre eſtime.

ARAMINTE.

» Je l'accorderois à celui dont le ſa-
» voir ſeroit utile à ſa Patrie ; qui ne
» s'en ſerviroit que pour guïder & inſ-
» truire de bonne foi ceux qui auroient
» recours à lui ; qui auroit encore plus
» étudié le monde & ſes uſages que les
» livres; qui ne ſe prévaudroit point de ſa
» ſience , & n'employeroit jamais ſes
» talens à nuire ; qui auroit le cœur
» droit, le commerce aimable, & ſim-
» ple ; ce doit être là , l'ambition du
» vrai ſage , & le but de ſes études.
» votre homme eſt le contraſte de ce
» portrait , glorieux , médiſant, ſatyri-
» que , méchant, envieux , mépri-
» ſant......

DORIMAN.

Savez-vous bien, Madame, qu'il ne
me convient pas d'entendre ainſi parler de quelqu'un qui doit être mon
gendre.

ARAMINTE.

Votre gendre ?

DORIMAN.

Il le fera dès demain.

ARAMINTE.

Cela ne fe peut pas.

DORIMAN.

Non ?

ARAMINTE.

Non ; vraiment fon alliance ne vous convient en aucune maniere ; & fans parler des autres avantages que vous devez chercher dans l'époux de ma niéce, fongez que le bien de celui-ci.....

DORIMAN.

Ah, c'eft où je vous attendois ! comme j'ai toujours penfé que les riches étoient moins heureux par le bien qu'ils ont, que par celui qu'ils peuvent faire, je n'ai jamais fenti le prix des richeffes fi vivement que dans cette occafion.

ARAMINTE.

Ce fentiment eft noble, mais il perd bien de fon prix par la perfonne à qui vous l'appliquez.

DORIMAN.

Brifons là-deffus, il a ma parole, rien ne peut m'ébranler :

ARAMINTE.

Quel entêtement. Je n'ai plus qu'un mot à vous dire ; vous savez que j'aime ma niéce , & que je n'ai d'autre dessein que celui de la faire mon héritiere.

DORIMAN.

Eh bien !

ARAMINTE.

Vous ne devez plus compter sur ma succession.

DORIMAN.

Et pourquoi ?

ARAMINTE.

Je ne veux point en un mot qu'un gendre si peu estimable la partage.

DORIMAN.

Madame......

ARAMINTE.

Et je me remarirai , s'il le faut , pour vous en ôter l'espérance. (*à part en s'en allant.*) allons préparer notre stratagême.

SCENE VI.

DORIMAN, *seul.*

Quel acharnement ! La calomnie & l'envie s'armeront - elles toujours contre le mérite & la vertu ? Pour éviter de nouvelles perfécutions (car elle pourroit tourner l'efprit de ma fille) retournons à la Campagne , j'y ferai plus paifible. Lucile ; Lucile ?

SCENE VII.

DORIMAN. LUCILE.

LUCILE.

Mon pere ?

DORIMAN.

J'avois oublié de vous dire qu'il faut vous préparer à aller demain à la Campagne.

LUCILE, *à part.*

Jufte-ciel , qu'entens-je ?

DORIMAN.

Nous y terminerons votre mariage

avec plus de tranquilité .... Ah, c'eſt
vous, M. Timantoni ? que n'entrez-vous.

SCENE VIII.

DORIMAN. LUCILE. TIMANTONI.

TIMANTONI.

JE vous croyois en affaires, Mouſou,
& la diſcrétion que je dois à oun Signor auſſi reſpectable.

DORIMAN.

Voilà qui eſt fini.

TIMANTONI.

Je ſouis ſourpris très-agréablement de
vous voir de retour en bonna ſanté.

DORIMAN.

Fort bonne.

TIMANTONI.

Au moins, Monſou, j'ai été fort aſſi-
dou, Mademiſelle n'a pas perdou ſon
tems ; ſouhaitez-vous que je lui donne
ſa liçon en votre préſence ; vous ver-
rez.....

DORIMAN.

Non, ma fille n'en prendra point ,
nous partons demain pour la Campagne.

& à la veille d'un départ, on a des arran-
gemens.

TIMANTONI.

Elle ne prend point de liçon. (*bas.*)
Ce n'eſt pas là mon compte , (*bas à*
Lucile.) j'ai à vous parler. (*à part.*)
Je ne ſçai qu'imaginer. (*à Doriman.*)
pourrai-je avoir l'honnour de voir M.
Polimatte.

DORIMAN.

Il n'eſt pas revenu.

TIMANTONI.

J'en ſouis fâché , je voudrois qu'il
ſoit céans.

DORIMAN.

Pourquoi ?

TIMANTONI.

Per ouna queſtion très-importante.

DORIMAN.

De ſience ſans doute.

TIMANTONI.

C'eſt ouna queſtion fort ſingouliere.

DORIMAN.

Vous n'aurez qu'à revenir.

TIMANTONI.

Il faut que je reſte , ſa déciſion eſt
néceſſaire : je l'attendrai ici ſi vous lou
trouvez bon.

DORIMAN.

DORIMAN.

Vous êtes le maître. (*à Lucile.*) Ne perdez point de tems, donnez les ordres pour notre départ.

TIMANTONI.

Avec votre permiffion, Monfou : Mademifelle, ayant beaucoup d'efprit & oun grand oufage du monde, ainfi que vous, Monfou, je fouis bien-aife, en attendant Monfou Polimatte de favoir auffi votre fentiment à l'oune & à l'autre; voici lou fait. Je fors de chez oun de mes accoliers (*à Lucile bas.*) de chez M. Lifidor, (*haut.*) où il y avoit bonne & nombroufe compagnie, (*bas à Lucile.*) je l'ai trouvé feul. (*haut.*) On a mis la converfation fur le retour qu'exigeoit la reconnoiffance : écoutez bien, Mademifelle, la reconnoiffance. On foupofe que quelqu'oun eût les piou effentielles obligations à oun homme, comme de l'avoir par fa borfa mis à fon aife. (*bas.*) Il m'a donné la fienne. (*haut.*) l'avoir par fon crédit & par fes foins tiré de prifon. (*à part.*) Je pourrois bien y aller fi tout ceci étoit découvert. (*haut.*) avoir expofé fa vie per loui & autres cas femblables. On demande fi celoui qui

B

a reçout tant de plaisir , pout sans
se deshonorer , être médiatour de ses
amours ; les favoriser ; loui faciliter les
moyens de voir sa maîtresse ; loui dire en
présence des surveillans , qu'elle verra
son amant , qu'elle le verra , tendre ,
fidele , prêt à tout entreprendre. (*bas à
Lucile.*) Avez-vous compris , Signora,
prêt à tout entreprendre ! voulez-vous
que je repete ?

LUCILE.

Il n'en est pas besoin , j'ai tout compris à merveille.

TIMANTONI.

Bon , marque de grand jugement !
après donc plusiours discours fort ani-
més entre oun vioux Commandour , &
oun joune Colonel, ils ont fait ouna ga-
joura de deux cens luiggi doro ; lou
Commandour soutient ces démarches,
pou convenables à la probité ; lou Militaire prétend lou contraire. L'Assem-
blée a été si partagée , qu'ils s'en sont
remis tous les doux à la décision de l'il-
loustre Monsou Polimatte , & ils m'ont
prié de la loui venir demander.

DORIMAN.

Ils ne pouvoient pas mieux s'adresser.

TIMANTONI.

C'est de quoi tout le monde con-

vient. Quel eft votre fentiment là-deffus, Mademifelle ? (*à Doriman.*) Je
demande en premier lieu l'avis de Mlle;
Perché, je le demande ? Perché ? Il
faut qu'une joune perfonne s'accoutou-
me à prendre fon parti d'elle-même
dans des circonftances auffi délicates,
(*à Lucile.*) ainfi que penfez-vous ?

LUCILE.

Je crois que le motif doit juftifier les
demarches de cet ami, le faire perféve-
rer, agir vivement ?

TIMANTONI.

Oh ché brava, Signora ! & vous, Monfou, qu'en dites-vous !

DORIMAN.

J'imaginerois l'honneur un peu blef-
fé. Mais vous-même, quel eft votre
fentiment ?

TIMANTONI.

Le mien a été fans contredit celui de
Mademifelle & dou Colonel. Je hais fi
fort l'ingratitoude qu'il y a oune perfonne dans le monde per qui jé pouf-
ferois les chofes piou loin : à l'exemple
de ce Romain, je lui cederois ma femme, s'il en étoit amoureux.

DORIMAN.

Ce ne feroit peut-être pas là un fervice d'ami ; (*à Lucile.*) allez.

TIMANTONI.

Mademiselle, n'oubliez pas ce que je vous ai apris : per cet effet, tradouifez, lifez, rappellez-vous mes liçons, & furtout la derniere.

LUCILE.

Je ne négligerai pas vos avis.

SCENE IX.

DORIMAN, TIMANTONI.

TIMANTONI.

C'Eft lou moyen de faire dou progrès. Qui n'avance pas en bien de chofe, recoule : n'eft-il pas véritable, Monfou ?

DORIMAN.

Oüi, rien de plus vrai.

TIMANTONI.

Vous voyez, Monfou , mon attention à remplir mon petit devoir : il faut toujours s'acquitter avec diftinction des chofes qu'on nous confie.

DORIMAN.

Je fai à quoi m'en tenir ; auffi à no-

tre retour, vous commencerez à enseigner mon fils aîné.

TIMANTONI.

Mon zele per lui sera égal, persouadé
qu'il me contentera aussi bien que Mademiselle : ma à propos de Monsou
votre fils, avez-vous remplacé son préceptour ?

DORIMAN.

Non pas encor : en connoîtriez-vous
quelqu'un capable ?

TIMANTONI.

Oüi, Monsou, j'en sai oun ; si par
bonheur il n'étoit pas placé ; car trois
ou quatre Seigneurs le sollicitent ; c'est
oun excellent sujet ; il a piou d'un
talent ; il seroit très-outile à Mademiselle votre fille.

DORIMAN.

A ma fille ! Il ne s'agit point......

TIMANTONI.

Je vous demande pardon , je con-
fondois.

DORIMAN.

Informez - vous - en sans perdre de
tems, vous me ferez plaisir.

TIMANTONI.

Attendant l'arrivée de Monsou Polimatte , je vais passer chez notre hom-

me ; s'il n'est pas placé je vous l'enver-
rai : il vous ravira , vous fourprendra.

DORIMAN.

Je fouhaite qu'il convienne à notre
illuftre ami ; j'ai quelques ordres à donner. Allez au plûtôt.

TIMANTONI.

J'y vais de ce pas , je vous joure.

DORIMAN.

Hem ! hem ! affurez-le que je lui ferai des conditions fi avantageufes qu'il
me donnera la préférence.

TIMANTONI.

C'eft oun virtouofo qui n'agit comme
moi, que per honnour & point dou tout
per intérêt.

DORIMAN.

N'importe , chacun doit vivre de fes
talens.

(Il fort.)

TIMANTONI, feul.

Oui , c'eft fort bien dit , chacun doit
vivre de fes talens : allons mettre les
nôtres en oufage per fervir nos doux
amans.... je crois voir le valet de M.
Polimatte , fondons adroitement fes dif-
pofitions per fon Maître ; il peut nous
être outile.

SCENE X.

TIMANTONI, FORTUNE', *chargé d'une Sphére, d'un Aftrolabe, d'une Lunette d'approche, Cartes, &c. qu'il pofe fur la table.*

TIMANTONI.

AH c'eft vous, Monfou Fortouné, qu'apportez-vous là ? vous êtes bien effouflé ?

FORTUNÉ.

On le feroit à moins, je porte le monde entier fur mes épaules.

TIMANTONI.

Ah, je vois ce que c'eft !

FORTUNÉ.

J'avois peur de trouver mon Maître de retour, j'ai fait diligence ; il ne me donne pas un moment de repos : depuis notre arrivée, j'ai couru la moitié de la Ville ; il m'a chargé de vingt com-miffions ; à peine ai-je pû fabler une bouteille de vin tout feul ; je n'ai pas feulement eu le tems de voir l'objet de ma tendreffe. Mon Maître connoît tout Paris, ouf !

B iiij

TIMANTONI.

C'eſt un Illouſtre fort eſtimé, oun Savant dou premier ordre, qui a beaucoup de puiſſans amis, il vous fera parvenir.

FORTUNÉ.

En effet, je m'en apperçois depuis que je ſuis à ſon ſervice ; il a changé mon nom ; au lieu de Normand, il m'a baptiſé Fortuné ; voilà, je crois, la ſeule preuve de crédit que j'aurai de lui.

TIMANTONI.

Votre condition chez un pareil Maître, doit être un poſte bien brillant.

FORTUNÉ.

Je voudrois que quelque curieux en eût envie : ſavez-vous bien, Signor Timantoni, que vous voyez en moi, ſon Laquais, ſon Intendant, ſon Valet-de-chambre, ſon Cuiſinier, ſon Sécretaire & ſon Lecteur ?

TIMANTONI.

Avec tant d'emplois, votre fortoune ſera bientôt faite.

FORTUNÉ.

Effectivement, je ſuis Laquais ſans gages ; Intendant ſans régie ; Valet-de-chambre ſans profit ; Cuiſinier ſans pro-

viſions ; Sécretaire ſans tour de bâton,
& Lecteur de mauvais Ouvrages.

TIMANTONI.

De mauvais Ouvrages !

FORTUNÉ.

Oüi, ce ſont les ſiens qu'il me fait
lire. Oh, que je me repens bien d'avoir
quitté le Maître que je ſervois au Mans !
il vouloit me faire de robe ; je ſerois à
l'heure qu'il eſt, Sergent ou Greffier ;
peut-être je ſerois parvenu juſques au
rang diſtingué de Procureur ! j'ai toujours eû de bonnes inclinations : je me
verrois dans le chemin de la fortune ; &
depuis deux ans que je ſers celui-ci, je
ſuis encore à toucher le premier mois
de mes gages.

TIMATONI.

Vous me ſourprenez.

FORTUNÉ.

Vous ne connoiſſez pas mon Maître,
il eſt ſavant, c'eſt tout dire ; il reſſem-
ble à tous les autres. Ces Meſſieurs ſont-
ils mal dans leurs affaires ? ils ne ſau-
roient payer ; ſont-ils riches ? ils ſont
avares : mais je n'en ferai plus la dupe,
& ſi jamais je ſers encor un Auteur, il
faudra qu'il me donne un bon répon-
dant.

B v

TIMANTONI.

Comment ?

FORTUNE'.

Oui, une caution pour mes gages.

TIMANTONI.

Cela est de fort bon sens ; (*à part.*)
je crois qu'il ne sera pas impossible de
le mettre dans nos intérêts.

FORTUNE'.

J'aurois déja quitté celui-ci sans la
facilité qu'il me donne à voir souvent
une fille que j'adore.

TIMANTONI.

Une fille aimable sans doute, car un
vainqour tel que vous fait per son
choix seul l'apologie de sa conquête.

FORTUNE'.

Aimable ! Pouf…. vous êtes à cent
piques de sa juste valeur ; c'est une taille d'Impératrice ; des yeux de Reine ;
un nez de Princesse ; une bouche de
Marquise ; une gorge de Grisette ; une
jambe & un pied de Danseuse.

TIMANTONI.

Voilà un portrait bien noble.

FORTUNE'.

Et ragoutant, n'est-ce pas ? mais son
esprit est encore plus parfait que sa
figure ; elle parle de tout ; elle lit les

Livres nouveaux ; elle fait quelquefois
de petites chanfons très-jolies ; elle
fait fort bien jouer la Comédie ; elle
raille avec fineffe les Sots qui s'en font
accroire ; elle ne parle mal de perfonne, pas même de fes Maîtres ; & quoi-
qu'elle ait autant d'efprit qu'on en
puiffe avoir ; quand nous fommes tête
à tête, elle n'en a pas plus que moi.

TIMANTONI.

C'eft là lou véritable : pout-on vous
demander lou nom de fta perfonna
charmante ?

FORTUNE'.

Je vous ai dit que mon Maître me
facilitoit les moyens de la voir ; c'eft
la Suivante de Madame Araminte; nous
allons chez fa Maîtreffe ; fa Maîtreffe
vient ici ; cela forme un cours de vifi-
tes agréables qui me dédommage des
défagrémens de ma fervitude.

TIMANTONI.

Quoi, c'eft Lifette ? cette gracioufe
perfonne.

FORTUNÉ.

Elle-même.

TIMANTONI.

Ah ! malhouroux Fortuné !

FORTUNE'.

Qu'y-a-t'il donc ? B vj

TIMANTONI.

Vous êtes perdou.

FORTUNÉ.

Eh pour quoi ?

TIMANTONI.

Il n'y a plous de Lisette per vous.

FORTUNÉ.

Ah, la perfide , l'ingratte , la coquette !

TIMANTONI.

Que vous a-t-elle fait ?

FORTUNÉ.

Je n'en sais rien : c'est vous qui me
dites que je la perds.

TIMANTONI.

Apprenez l'obstacle invincible qui
vous sépare de sta pauverra Lisetta :
Madame Araminte sa Maîtresse ne sauroit souffrir Monsou Polimatte ; tout ce
qui loui appartient loui déplaît ; elle
deffendra à sa Souivante de vous parler, de vous voir : ah Pauveretto !

FORTUNÉ.

Eh que faudroit-il faire pour empê-
cher tout cela ?

TIMANTONI.

Trahir votre Maître.

FORTUNÉ.

Que le Diable l'emporte, s'il veut !

qu'est-ce que cela me fait à moi ?

TIMANTONI.

Et vous serez four en le trahissant
douna bona récompense.

FORTUNÉ.

Ce n'est pas là la question ; je le tra-
hirai pour rien , & la récompense sera
pardessus le marché.

TIMANTONI, *à part.*

Il est à nous. (*haut.*) Voici lou fait.
Madame Araminte s'interesse per oun
Comte , bien Gentilhomme , de mes
amis nommé Lisidor qui est amouroux
de Mademiselle Loucile.

FORTUNÉ.

Elle fait fort bien.

TIMANTONI.

Monsou Doriman entêté de ton Maître louy vout donner sa fille.

FORTUNÉ.

Il fait fort mal.

TIMANTONI.

Il s'agit , per rompre stou mariage ,
de trouver quelque expédient ; ma
per agir avec plou de foureté , il faut
que tou sois des nôtres.

FORTUNÉ.

Il est vrai que je puis vous aider
beaucoup.

TIMANTONI.

Pouvons-nous compter four toi ?

FORTUNÉ.

Oui. Je fuis tout à vous, pourvû que Lifette foit à moi.

TIMANTONI, *d'un air important.*

Je te la donne.

FORTUNÉ.

Eft-ce vous qui donnez auffi la récompenfe ?

TIMANTONI.

Non, c'eft Monfou Lifidor.

FORTUNÉ.

Ah, tant mieux ; car vous auriez l'air de la garder pour vous. Allons, que faut-il faire pour tromper le généreux Polimatte ?

TIMANTONI.

Avertir Mademifelle Loucile que tou es dans nos intérêts ; louy dire qu'elle imagine quelque ftratagême per non point partir. (Car fon pere veut la mener en campagne dès ce foir.) Qu'elle feigne des coliques, des migraines.... des vapours.. là... quelqu'ounes de ces maladies qui obéiffent aux Dames. Dis louy auffi que fous quelque figoure que paroiffe fon amant, elle ne témoigne

point oune fourprife qui pourroit la trahir.

FORTUNÉ.

Ce fera mon premier foin,

TIMANTONI.

S'il faut porter des lettres, rendre les
réponfes......

FORTUNE'.

Oui, en faire même, je fuis votre
homme ; mais à propos de porter des
lettres, vous me paroiffez pour le moins
auffi habile à ce métier-là que moi.

TIMANTONI.

Je ne ferai pas toujours à portée d'ê-
tre outile à ces jounes gens ; & toi, tou
demoure dans la maifon ; tou nous tien-
dra four les avis.

FORTUNE'.

Je vous entens, je ferai comme trou-
pe légere & auxiliaire.

TIMANTONI.

Sois-nous fidéle, tou feras houroux :
je vais avertir Madame Araminte, que
tou es entré dans notre parti, & qu'elle
fe prépare à t'accorder Lifette : va t'acquitter de la commiffion, que je t'ai
donnée per Loucile ; & fois four de ton
mariage avec ta belle Maîtreffe.

FORTUNE'.

Oui , oui , Monſieur le Maître de Langue , j'y cours ; mais ſoyez ſûr , vous , que vous ne montrerez jamais l'Italien à ma femme , ni à mes filles.

Fin du premier Acte.

ACTE II.

SCENE PREMIERE.

ARAMINTE, *seule.*

Oui, la réfolution en eft prife : je veux fervir mon frere malgré lui-même : ma niéce m'eft trop chére pour que je néglige rien de ce qui peut faire fa félicité..... Approchez, Lifette ? que vous voilà brillante !

SCENE II.

ARAMINTE, LISETTE, *vêtuë fuperbement en Femme de Qualité.*

LISETTE.

Vous m'avez ordonné de l'être, Madame : mais je fuis moins fenfible au plaifir de vous paroître telle, qu'à celui de vous obéir.

ARAMINTE.

Le plaisir d'obeir est grand quand il flatte notre vanité ; vous voilà mise à merveille, & avec un minois si joli, je doute que Polimatte vous résiste ; vous me frapez moi-même.

LISETTE.

J'espere de remporter la victoire sur lui, puisque je plais à une personne de mon sexe.

ARAMINTE.

Songez enfin, que le bonheur de ma niéce dépend du succès de notre entreprise : votre récompense est certaine. J'ai voulu prévenir Lucile sur ce que nous allons faire ; mais il ne m'a pas été possible : on m'a dit qu'elle étoit avec son Pere ; il faut en attendant, qu'elle vous cache dans son appartement, jusqu'à ce que vous trouviez l'occasion favorable de vous montrer à Polimatte.... Ah, te voilà, Fortuné !

S C E N E   I I I.

ARAMINTE, LISETTE, FORTUNE'.

FORTUNE'.

VOus voyez en moi, Madame, un des Chefs principaux de la Conjuration.

ARAMINTE.

Monsieur Timantoni vient de m'assurer, que tu nous servirois contre ton Maître.

FORTUNE'.

Oui, oui, ne doutez point de ma fidélité à le bien trahir ; mais qui est cette Dame ?

ARAMINTE.

Une Comtesse arrivée depuis peu de Province, elle est de mes amies, fort discrette, & nous pouvons tout dire devant elle.

FORTUNE'.

Une Comtesse ! vous vous mocquiez, c'est Lisette. Ah, je suis perdu ! elle a fait fortune......Qui t'a si bien équipée, dis-moi ?

LISETTE.

Quel eſt cet impertinent , ma chere?

ARAMINTE.

Il vous prend pour ma Femme-de-chambre ; cela eſt trop plaiſant.

LISETTE.

Pour votre Femme - de - chambre, quelle inſolence ? ſuis - je donc taillée en Soubrette ? une Dame comme moi, une perſonne de ma qualité ! ſi j'appelle mes gens , je vous ferai donner cent coups d'étrivieres.

FORTUNE'.

Apprenez , Madame la Comteſſe, ſi vous l'êtes, (car cela me feroit donner au Diable) apprenez , dis-je, que que je vous fais bien de l'honneur en vous prenant pour ce qu'il y a de plus aimable dans le monde.

LISETTE.

Cela étant, je te le pardonne.

FORTUNE'.

Et que la ſeule différence qu'il y ait de vous à elle ; c'eſt qu'elle a des graces à l'impromptu , & que les vôtres ſont étudiées.

LISETTE.

Tu te trompes, mon cher , je ne ſuis point affectée.

FORTUNE'.

Ah, parlez-moi de ce petit geste-là ; il vous rapproche de Lisette, elle ne perd plus rien à vous ressembler. Allons, allons, finissons cette mascarade ; reprens tes habits, & regagne ma confiance que ceux-ci pourroient bien te faire perdre.

ARAMINTE.

Tu la reconnois donc absolument.

FORTUNE'.

Voyez, que cela est difficile. Ceux qui changent d'état & d'habits se méconnoissent souvent eux-mêmes ; mais ils sont toujours reconnus des autres.

ARAMINTE.

Lisette, mettez-le au fait de ce déguisement.

LISETTE.

On t'a dit que Madame vouloit rompre le mariage de sa niéce avec ton Maître, & la donner à un jeune homme, riche, aimable, & de condition ?

FORTUNE'.

Qu'est-ce que ces beaux habits ont de commun avec cela ?

LISETTE.

Je suis une jeune Veuve de Province.

FORTUNE'.

Je te croyois fille !

LISETTE.

L'Animal.

FORTUNE'.

Allons, c'est la même chose.

ARAMINTE.

Elle a soixante mille livres de rente.

FORTUNE'.

Cela n'est pas mauvais.

LISETTE.

Et je suis amoureuse de Polimatte.

FORTUNE'.

Ah, Coquine !

LISETTE.

Laisse-moi donc achever : je lui offre
ma main.

FORTUNE'.

Je n'écoute plus rien : comment
donc, c'est sur moi que tout cela re-
tombe ? oh, je vais y mettre bon ordre.

LISETTE.

Que vas-tu faire ?

FORTUNE'.

Avertir Monsieur Doriman de tout,
afin que mon Maître épouse la niéce
de Madame : va, infidelle, tu attendras
du moins qu'il soit veuf pour l'épouser
lui.

ARAMINTE.

Ne vois-tu pas que c'est un strata-

gême pour tromper Polimatte ? il eſt
vain & très-intéreſſé ; il faut en convaincre mon frere, lui faire voir que
ton Maître n'a pour lui qu'une fauſſe
amitié : nous aurons peut-être d'autres
moyens pour le diſſuader de ſa ſience :
ſi nous venons à bout de ces deux
choſes, Liſidor obtient Lucile dès ce
ſoir. Je vais chez moi, attendre le ſuc-
cès de tout ceci.

SCENE IV.

LISETTE, FORTUNE'.

LISETTE.

ME croyois-tu capable d'aimer ton
Maître tout de bon ?

FORTUNE'.

Ce ne ſera donc qu'une feinte ?

LISETTE.

Vraiment non, tu vois que tout ceci n'a que l'ombre de l'infidélité.

FORTUNE'.

Ah, ma chere Liſette, je tremble :
l'ombre de l'infidélité ſe réaliſe, en paſ-
ſant par l'eſprit d'une femme.

LISETTE.

Je te conſeille de moraliſer : c'eſt

bien à un homme de ton état que tant
de délicatesse est permise.

FORTUNE'.

Future moitié de moi-même, je vous
avertis que je suis très chatouilleux sur
l'article de l'honneur.

LISETTE.

Tes craintes avec moi seroient mal
fondées.

FORTUNE'.

Que je pense là-dessus en petit Bourgeois.

LISETTE.

Va, va, je t'aimerai trop pour te
tromper.

FORTUNE'.

Paroles charmantes..... geste amoureux.... (*Il lui baise la main.*) Main
aimable !

LISETTE.

Allons finis donc..... petit badin........

FORTUNE'.

Plus je te vois, & plus je sens.... ta pa-
rure augmentant encore tes charmes....
J'ai là une émotion.. le contentement...
la joie...un désir violent...minois friand !
(*Il veut la baiser.*) Que je t'embrasse !

LISETTE.

Petit Bourgeois, vous vous éman-
cipez.   -   FORTUNE'.

FORTUNE'.

Pardon, Madame la Comteſſe.......

LISETTE.

Ne perds point de temps , tâche de m'introduire dans le cabinet de Mademoiſelle Lucile.

FORTUNE'.

Ne ſerois-tu pas mieux dans le mien ?

LISETTE.

Et d'abord que Polimatte ſera ſeul tu m'annonceras.

FORTUNE'.

Joli emploi. Je t'écouterai au moins, je verrai tout.

LISETTE.

Va , tu ne ſerois pas le premier jaloux que l'on auroit attrapé en ſa préſence.

FORTUNE', *en conduiſant Liſette.*

Cela eſt fort heureux. Bonnes diſpoſitions !

___

SCENE V.

TIMANTONI *ſeul , bien vêtu.*

Notre Préceptour ſera ici dans ouné hora , je viens en avertir Monſou

Doriman. Le Signor Lifidor m'a grati-
fié de cet habit ; je l'ai accepté per
lui faire plaifir. Mes accoliers no mar-
chanderont plou avec moi : l'aquipage
donne dou poids au mérite ; quand je
fonge que trois années de peines & de
foins ne m'auroient pas valou ce que je
viens de gagner en oun quart d'hora
d'ambaffade amouroufe : je ne m'étonne
piou fi tant d'honêtes gens font ce métier : il eft fort bon, tout-à-fait lucratif :
Je me repens de ne m'en être pas mêlé
ploutot ; je tacherai de réparer le tems
perdou ; & d'abord que je ferai riche, je
redeviendrai honnête homme. Les hou-
mains fe donneroient tout entiers à la
virtou , fi elle étoit récompenfée ; je
leur pardonne prefque de s'en éloigner
lorfqu'elle ne condouit pas à la fortoune.

SCENE VI.

TIMANTONI, FORTUNE'.

FORTUNE'.

Monfieur demande-t-il quelqu'un
ici ? Comment diantre je ne verrai que des Métamorphofes !

TIMANTONI, *fiérement.*

Tien, mon ami, voilà cinquante pif-
toles que je te donne de la part de Monfou Lifidor.

FORTUNE'.

Ne vous a-t-il donné que cela?

TIMANTONI.

Non, en confcience.

FORTUNE'.

Fouillez-vous?

TIMANTONI.

Je fouis éxact.

FORTUNE'.

Mais favez-vous bien que vous voilà
déguifé à merveille.

TIMANTONI.

Ce n'eft point oun déguifement, c'eft
ouna paroura : j'avois tantôt mon habit
de Campagne. Madame la Comteffe
eft-elle ici?

FORTUNE'.

Je viens de la conduire dans la chambre de Lucile...... Mais voici Monfieur Doriman.

SCENE VII.

DORIMAN, TIMANTONI, FORTUNE',

DORIMAN,

Où as-tu laissé ton Maître ;

FORTUNE',

Chez son Libraire.

DORIMAN,

Ah, Monsieur Timantoni. , , . . .

TIMANTONI.

Monsou, j'ai trouvé notre joune homme ; je loui ai proposé d'être lou Préceptour de Monsou votre fils. Quoi, a-t-il dit, du fils de Monsou Doriman, de ce Gentilhomme dont tout le monde dit tant de choses avantageuses. J'accepte lou parti, j'infouse ma sience à toute sa famille.

DORIMAN,

Que je vous ai d'obligation ! qu'il vienne donc, je l'attens.

TIMANTONI.

Vous l'allez voir bientôt ici en bonne & nombrouse Compagnie.

DORIMAN.

Quoi?

TIMANTONI.

Il ameine avec louy la Grèce, Rome, l'Egypte, l'Arabia.....

DORIMAN.

Où veut-il que je loge tout cela?

TIMANTONI.

Monſou, c'eſt ſa Bibliotéque.

DORIMAN.

Ah! Je vous entens. Faites-le venir,
je vous prie.

TIMANTONI.

Je vais le chercher : je ſouhaite qu'il
ſoit du goût de Monſou Polimatte.

DORIMAN.

Je brûle d'impatience de le lui voir
examiner ; car il n'eſt rien que M. Polimatte ignore.

TIMANTONI.

Et notre Préceptour ſait tout.

FORTUNE'.

Voilà un homme unique.

TIMANTONI.

Il entend les langues, la Philoſophia,
l'Architeĉtoura, la ſcoultoura, la mou-
ſique, la peintoura; il ſera ici dans de-
mihoura.

(Il ſort.)

DORIMAN.

Quand il ne posséderoit que le demi-
quart de ces siences, ce seroit encore
un homme très-profond.

FORTUNE'.

Il ne lui manque plus, que de savoir l'Arithmétique & l'Ortographe
comme moi,....mais voici mon Maître.

SCENE VIII.

POLIMATTE, DORIMAN, FORTUNE'.

DORIMAN.

AH, mon cher ami !

POLIMATTE *appercevant Doriman.*

Persécutions en pure perte, la Cour,
la Ville, les Etrangers attendront....
laissez-moi.

DORIMAN *allant voir à qui il parle.*

Qu'est-ce !

POLIMATTE.

Il part, que je suis soulagé !

DORIMAN.

A qui en avez-vous ?

POLIMATTE.

Il y a des instans, où je voudrois

être le plus ignoré, & le plus ignorant des mortels.

D O R I M A N.

Pourquoi cela ?

P O L I M A T T E.

Argante, le tenace Argante....

D O R I M A N.

Eh bien, Argante ?

P O L I M A T T E.

Me rencontrer, me prier, me pref-
fer, m'obséder, a été même chose ; il
veut me graver malgré moi. Quel acharnement !

F O R T U N E' *à part.*

Voilà ce que difent tous ceux qui
fe font graver eux-mèmes ; j'ai envie
auffi de me faire graver, ma figure eft
affez curieufe, pour....

D O R I M A N.

Vous devez cette fatisfaction à vos
amis ; vous la devez au Public avide de
voir votre Portrait à la tête de vos Ouvrages.

P O L I M A T T E.

Je ne fuis point affez décidé....

D O R I M A N.

Quelle modeftie ! c'eft un homme
comme vous qu'il faut tranfmettre à la
poftérité ; & non pas un nombre infini

de gens à talens médiocres, dont les an-
tichambres font tapiffées.

POLIMATTE.

Il imagine la chofe fi fûre qu'il a déjà
fait faire le deffein de l'Eftampe , &
l'Infcription par Silvandre.

DORIMAN.

Par Silvandre ! elle fera fort bien :
il eft, après vous, le plus grand Poëte
de fon fiécle.

POLIMATTE.

Il brille à gauche ; fon génie eft affez poëtique , inégal pourtant ; il a
quelque favoir, il eft d'un bon commerce ; poli, doux, généreux ; s'il
étoit plus honnête homme & moins fou,
il feroit accompli.

DORIMAN.

Je veux faire préfent de cette Eftampe à tous mes amis.

POLIMATTE.

Il va m'arriver pis..... On me menace d'une Statuë.

DORIMAN.

Comment ?

POLIMATTE.

Quelques gens en place , & plufieurs
Seigneurs ont efcamoté ma figure.

DORIMAN.

Qu'eft-ce à dire ?

POLIMATTE.

Non contents d'avoir fait faire furti-
vement mon buſte, ils ont ordonné ma
Statuë. Ce tour eſt cruel, épouvanta-
ble ?

DORIMAN.

Tant-mieux, morbleu, tant-mieux ?
Cela prouve leur eſtime pour vous, &
fera honneur à la nation.

POLIMATTE.

Votre amitié vous fait illuſion.

DORIMAN.

Ah ! point..... Avoir un gendre au-
quel on éléve des Statuës ! quelle gloire ! Je ne me ſens pas d'aiſe. Mon cher
ami, vous êtes digne de bien d'autres
récompenſes...

POLIMATTE.

Venons à ce qui me touche de plus
près ; vous avez, ſans doute, annoncé
mon mariage à Mlle Lucile ?

DORIMAN.

Oui, dès que j'ai été de retour.

POLIMATTE.

Comment a-t-elle reçu la propoſi-
tion ?

DORIMAN.

Comme elle le devoit ; ſoumiſe à ma
volonté, ſenſible à votre mérite.

POLIMATTE.

Je n'ai point connu de fille de son
âge dont l'esprit fut si éclairé ; (*à For-*
tuné.) Que vous a dit mon Imprimeur?

FORTUNE'.

Rien, Monsieur, il n'étoit pas chez
lui.

POLIMATTE.

Vous y retournerez & vous lui direz
qu'il accélere les épreuves de ma My-
thologie Chronologique. Le Colpor-
teur viendra-t'il prendre ces petites bro-
chures imprimées en Hollande ? *à Dori-*
man. pardon.

DORIMAN.

Ah, faites !

FORTUNE'.

Oui, Monsieur.

POLIMATTE.

Ces deux Auteurs surnumeraires vien-
dront-ils me parler ? j'ai de l'ouvrage à
leur donner.

FORTUNE'

Monsieur Sommaire viendra, mais
M. Mordican a de petites raisons pour
ne point sortir de chez lui.

POLIMATTE.

Comment ?

FORTUNE'.

Il a eû une dispute vive avec une

jeune Officier ; & il garde la Chambre.

POLIMATTE.

Sa prudence tirannise sa valeur ; je reconnois les enfans d'Apollon : descendez à mon laboratoire.

FORTUNE'.

J'y cours.

POLIMATTE.

Demeurez, & écoutez avant d'agir. Sont-ce des êtres pensans que ces animaux-là ? Homere, ce Dieu des Poëtes, a dit fort sensément ; Jupiter a ôté la moitié de la cervelle aux valets.

FORTUNE'.

C'est donc Jupiter qui a tort.

POLIMATTE.

Portez-y mon alambic, mes outils ; préparez le fourneau ; nettoyez le creuset..... J'ai une expérience chymique à faire qui exercera furieusement les Phisiciens.

DORIMAN.

Je crois vous avoir entendu parler...

POLIMATTE.

Oui, vous fûtes témoin d'une conversation avec un Jurisconsulte qui, hors les loix, se pique de tout savoir, & qui ne sait rien. A propos de Juris-

confulte, je gratifierai bientôt le Palais
d'une traduction en vers François du
Code & du Digefte, pour la commo-
dité des Magiftrats, & des Avocats qui
n'entendent pas le Latin, dont le nombre augmente journellement.

DORIMAN.

Vous avez toujours des idées admi-
rables, ce travail fera très-utile. Eft-il
bien avancé ?

POLIMATTE.

Il eft prefque fini, je n'ai plus qu'en-
viron foixante mille vers. Si j'ai été
forcé à la longueur dans cet ouvrage,
je fuis très-laconique dans un autre en
profe qui eft fous preffe. C'eft l'éloge
& le nom des Médecins qui n'ont pas
tué leurs malades. Cette brochure ne
contient que deux pages.

DORIMAN.

Fort bien ! fort bien !

POLIMATTE, *à Fortuné.*

Montez cet Aftrolabe, cette Sphere,
ce Globe célefte, & mes grandes lu-
nettes d'approche, au belveder.

FORTUNE'.

Je ne fai pas où il faut....

POLIMATTE.

Quoi, toujours plus ténébreux ! de-

puis que vous êtes à moi votre esprit
ne se développe pas.

FORTUNE'.

Au contraire, Monsieur, vous vous
servez souvent de certains mots qui
m'embrouillent.

POLIMATTE.

C'est un Automate.

FORTUNE'.

Celui-là, par exemple, je ne l'entens pas ; mais je me doute bien que
c'est une injure.

DORIMAN.

Automate....Automate....,Tenez mon
enfant.... Automate.... C'est une Ma-
chine....qui se remuë dans les animaux,
par des ressorts.... comme une montre...
Ah, les tourbillons ! .,.. la matiere sub-
tile..... produisent de beaux effets.....
Nous savons un peu la Philosophie de
Descartes.

POLIMATTE.

Savez-vous bien que vous devenez
habile......,.

DORIMAN.

Je m'en apperçois , graces à vos
conversations.

POLIMATTE.

Voulez-vous vous rendre profond ?
ayez de fréquents entretiens avec moi ;

quand je vous aurai expliqué Aristote
& Malebranche , vous comprendrez
des choses.... des choses qui.... Ah! des
choses incompréhensibles.

DORIMAN.

Voyons, par exemple....

POLIMATTE.

Avec votre permission remettons
cela à une autre fois. (*à Fortuné.*) Belveder est un mot analogue à lui-même :
c'est le donjon que j'ai fait construire au
plus haut de l'hôtel pour mes observa-
tions astronomiques. Entendez-vous ?

FORTUNE'.

Je comprens à l'heure qu'il est.

POLIMATTE.

Non, non, laissez cela : faites les
commissions du dehors : on ne sauroit
penser à tout ; j'ai promis à Damon de
lui faire débiter cent souscriptions de
son histoire : dites-lui de me les en-
voyer.

DORIMAN.

N'est-ce pas cet Officier qui vient
quelquefois ici ?

POLIMATTE.

Oui.

DORIMAN.

Quel jugement portez-vous de son
Livre ?

POLIMATTE.

Il écrit comme il combat ; s'il m'en croyoit, il feroit de ses écrits ce que les Grecs firent de Troye.

DORIMAN.

L'érudition coule de source chez vous: ce que les Grecs firent de Troye!.. Où est cette Troye dont on parle tant ?

POLIMATTE.

Troye est.... ou elle étoit ..... dans l'Afrique.

DORIMAN.

Dans l'Afrique ! En quel endroit s'il vous plaît ?

POLIMATTE.

En quel endroit...... en quel lieu...... elle étoit où est maintenant Constantinople.

DORIMAN.

On s'instruit toujours avec vous.

POLIMATTE, *à Fortuné.*

Tout de suite vous irez sur le Quai ; vous direz à Robert que quelque pressé qu'il soit, je ne puis corriger ses Cartes & son Livre de Géographie, de deux mois : allez, expédiez.

FORTUNE', *en s'en allant.*

Allons plûtôt épier le moment d'introduire Lifette.

(Il fort.)

DORIMAN.

A propos nous repartons inceſſament pour la Campagne ; j'ai fait réfléxion que vous feriez accablé de viſites, de compliments.

POLIMATTE.

Tenons mon mariage ſecret pour quelques jours.

DORIMAN.

Il n'eſt plus tems, il me faiſoit trop de plaiſir pour le taire,

POLIMATTE.

Tant pis. *(bas.)* Sa famille pourra s'y oppoſer. (*haut.*) Eh bien partons ; cela m'épargnera la lecture d'un nombre infini d'Epitalames qui vont me pleuvoir de tous côtés. Je vous laiſſe aller ſeul chez le dépoſitaire de la foi publique : en vous attendant, je travaillerai à quelques Diſſertations pour toutes les Académies de l'Univers, ou plûtôt je finirai une Ode qui doit remporter le Prix aux Jeux Floraux que me demande un Gentilhomme Gaſcon,

SCENE IX.

POLIMATTE, *seul.*

JE m'abandonne tout entier au parti que l'on me propofe, n'eft-ce pas s'y livrer avec trop de précipitation ? Ce mariage eft avantageux, mais eft-ce le meilleur que je puiffe faire ? Puifque Doriman, ce génie borné, a lui-même affez de connoiffance pour m'acheter d'une partie de fon bien ; que ne dois-je point attendre d'un efprit plus éclairé que le fien ? D'ailleurs j'apperçois dans Lucile une indifférence..... J'entrevois même un éloignement.......

SCENE X.

POLIMATTE, FORTUNE'.

FORTUNE'.

OUf, (*à part, en arrivant.*) Chienne de commiffion ? Il faut pourtant la faire ; (*haut.*) Monfieur, Madame la

Vicomtesse de Kerbadin demande à
vous voir.

POLIMATTE.

Madame la Vicomtesse de Kerbadin ! je ne connois personne de ce nom-
là.

FORTUNE'.

C'est une jeune Dame fort jolie, qui
a un Carosse des plus beaux, avec
quantité de laquais.

POLIMATTE.

Beaucoup d'honneur.... Je vais au-
devant d'elle.

FORTUNE'.

Il n'est pas nécessaire, la voilà....

POLIMATTE.

Retire-toi.

FORTUNE'.

Monsieur, je ne suis pas de trop.

POLIMATTE.

M'obéira-t'on ?

FORTUNE', *en s'en allant.*

Jarnie !

SCENE XI.

POLIMATTE , LISETTE , *en femme de qualité , suivie de plusieurs Laquais , & un Ecuyer lui donnant la main.*

LISETTE.

VOus serez peut-être étonné de ma visite, Monsieur. Je n'ai pas l'honneur d'être connuë de vous.

POLIMATTE.

Madame la surprise est honorablement flatteuse.

LISETTE *fait signe à ses gens de sortir.*

Je suis Bretonne , très-vive [ma démarche vous le prouve] femme de Condition [mes manieres le persuadent] alliée à tout ce qu'il y a de mieux dans ce Pays [tout le monde le sait] sage, quoique libre , jeune & jolie , [il n'y a qu'une voix là-dessus] fort riche Dieu merci ; je posséde l'art de me bien mettre ; j'invente les modes [personne ne me le conteste] mon commerce est aimable ; mon goût délicat , mon esprit cultivé [vous en jugerez] j'ai de la politesse , de l'enjouement , de la vi-

vacité, des graces, tout cela m'est naturel ; mais on ne doit jamais faire son
éloge soi-même ; aussi je me garde de
parler de tant d'avantages.

POLIMATTE.

Madame.....

LISETTE.

L'esprit & la sience ont des charmes
si puissans pour moi, qu'impatiente
d'être en liaison avec vous, Monsieur,
je franchis les usages pour avoir quelques instans plûtôt ce plaisir. Mon premier soin en arrivant de ma Province
a été de m'informer où vous étiez. Je
vous préfére au jeu, aux spectacles,
aux promenades, & à des visites de
bienséance.

POLIMATTE.

Madame......

LISETTE.

Oui, Monsieur, vos Ouvrages m'ont
fait concevoir de vous une si haute
idée, qu'ils ont occasionné mon voya-
ge de Paris, où je suis pour la premiere fois depuis deux jours. Vous n'a-
vez jamais rien composé qui ne m'ait
été envoyé. Je découvre dans tout ce
que vous faites une sience...... un sty-
le.... des sentimens étonnants, des ex-

preſſions ſingulieres , qu'on n'entend point ; mais c'eſt ce qui en fait le mé-rite.

POLIMATTE.

Quelle pénétration ! en effet, y a-t'il quelque gloire à écrire & à parler comme tout le monde ? du neuf, du brillant , des idées , du diſtingué , du beau , du piquant , des ſaillies , des traits, des éclairs. On n'acquïert le ſu-blime de la réputation , que par-là.

LISETTE.

Je n'ai point pour les ſiences un amour ſtérile. J'ai produit pluſieurs ou-vrages qui ont fait beaucoup de bruit dans l'Europe : les Mercures en ſont pleins.

POLIMATTE.

Vos lumieres ſur ceux des autres , forment un préjugé convainquant.... quel genre ?

LISETTE.

Aucun en particulier ; tous en géné-ral ; Romans , Hiſtoriettes , Contes , Fables, Chanſons ....

POLIMATTE.

S'il eſt décidé qu'un Auteur ſe peint lui-même dans ſes ouvrages , par une conſéquence abſoluë , vos productions doivent être la perfection même.

LISETTE.

Que d'efprit ! quel fond de politeffe !... Je réuffis affez bien dans les Comédies ; je les joue encore mieux que
je ne les fais ; c'eft mon plaifir domi-
nant, & la feule chofe qui puiffe me
confoler dans mon trifte état, & depuis deux ans de veuvage.....

POLIMATTE.

Vous êtes veuve, Madame ? Depuis
deux ans, à votre âge !

LISETTE.

Ah ! ne rappellons point cette idée ;
je tâche à m'en diftraire par des plai-
firs innocens ; mais le fouvenir d'un
époux vient toujours à la traverfe ;
Quoique je n'aye été que deux mois
avec lui, qu'il fût vieux, gouteux, &
toujours malade... C'eft quelque chofe
de bien tyrannique que le pouvoir de
l'hymen.

POLIMATTE.

Tant de charmes ne font point faits
pour être infructueufement admirés ; il
faut changer d'état, Madame ; il faut
changer d'état au plûtôt.

LISETTE.

Moi, fonger à me remarier !... Ah !

fi vous faviez , Monfieur , les inconvéniens aufquels eft expofée une jeune
perfonne , quand elle a le malheur de
perdre un époux.

POLIMATTE.

Vous pouvez le prévenir en donnant
la main à un jeune homme.

LISETTE.

A qui fe fier, Monfieur ? les jeunes
gens aujourd'hui font fi étourdis, fi
diffipés, fi libertins, dit-on, en ce pays...
Ah, je ferois trop difficile dans le choix
que je pourrois faire : je voudrois unir
les fentimens, la figure, la conduite,
la politeffe, l'efprit, le bon fens, à
une fience univerfelle : voyez fi cet af-
femblage eft aifé.

POLIMATTE.

Il eft des plus rares ; je connois pourtant un Cavalier, dans l'été de fes
jours, à qui ce portrait ne reffemble
pas mal.

LISETTE.

Ne me le nommez pas , Monfieur :
je le connois peut-être auffi bien que
vous-même ; mais je lui cacherai ma
foibleffe ; je l'aimerois trop pour l'af-
focier à ma deftinée. Seroit-ce avec
foixante mille livres de rente que je

pourrois faire fon bonheur & celui des
héritiers que je lui donnerois ; on me
dira que j'attens d'autres fucceffions,
j'ai deux fœurs mariées à la vérité,
mais elles font fi vives, fi vives.....
je fuis la moins fémillante de la famille.

POLIMATTE.

Soixante mille livres de rente, quel
lénitif à la douleur qu'on ne fent point.
Vous êtes adorable, on ira pour vous
jufqu'à l'idolatrie ?

LISETTE.

Et que me ferviroient les vœux de
tout l'Univers ! je ne ferois fenfible
qu'aux tranfports d'un feul homme : il
n'en eft qu'un au monde qui pût flatter
mon cœur & ma vanité ; mais que dis-
je, ma vanité ! folle que je fuis, il la ra-
baifferoit plûtôt. Serois-je venuë m'offrir de fi loin aux fers d'un vainqueur ;
non pas, non pas, Monfieur ! une paffion naiffante eft aifée à vaincre ; on n'a
qu'à ne s'y point livrer, l'étourdir, la
diftraire par des paffions oppofées : ai-
dez-moi vous-même à la furmonter : venez fouper ce foir chez moi ; vous y
trouverez une Compagnie choifie dont
vous ferez l'ornement, & fi la conver-
verfation, par hafard, tombe fur l'a-
mour,

mour ; servez-vous de tout votre esprit pour le chasser du mien ; réparez,
s'il se peut, le mal que vous m'avez
fait....Ah ! j'en dis trop.

POLIMATTE.

Moi, Madame ! je serois assez heureux....(*à part.*) Je ne puis plus en dou-
ter......Mais Madame, où faut-il
que je me rende, pour avoir l'honneur
de souper avec vous ce soir.

LISETTE.

Je viendrai vous prendre ici tantôt,
je vais en attendant, finir une affaire
pressée.

POLIMATTE.

Que les momens vont me paroître
longs ! de grace, Madame, terminez
au plus vîte.

LISETTE.

Je ne perdrai pas un seul moment.....
je veux auparavant vous confier mes ar-
rangemens ; vous déciderez s'ils sont
judicieux. Demain je vous mene à la
Campagne, dans un équipage brillant,
fait en gondole, dont l'impériale aura la
forme d'un parasol, soutenu par des figures Chinoises ; les attributs de la Me-
re des Amours y seront peints ; je le
menerai moi-même vêtue en Amazone.

D

POLIMATTE.

Venus, oui, la Reine de Cythere pa-
roîtra conduire son Char.

LISETTE.

Je goûte les charmes du séjour de Paris ! tout m'y paroît merveilleux.

POLIMATTE.

C'est l'abrégé du Monde, la Capi-
tale des Nations.

LISETTE.

J'ai donc dessein d'acheter près de
Paris, un Château superbe ; où nous
irons nous recueillir, cultiver les Mu-
ses ; nous y serons accompagnés de
quelques Savants illustres, de plusieurs
Musiciens, & de beaucoup d'Acteurs
fameux ; car c'est ma folie, que la Comédie, j'ai la folie du jour.

POLIMATTE.

Et folie raisonnable. Rien ne forme
plus essentiellement le corps, l'esprit &
le cœur, que le Théâtre. Vous en voyez
en moi un exemple bien frapant. Je ne
me suis rendu si aimable, si souhaité
dans le grand Monde, que depuis que
je joué la Comédie.

LISETTE,

Vous jouez la Comédie ! vous êtes
unique. Ciel ! quelle conformité entre

nous d'inclinations, de talens ! quels font vos rôles ?

POLIMATTE.

Je les remplis tous à ravir.

LISETTE.

Avec un esprit aussi vaste, on réussit à tout ce qu'on entreprend.

POLIMATTE.

Je brille dans les valets ; je fais quelquefois des ceractéres originaux.

LISETTE.

Vous devez les rendre d'après nature : je vous trouve un original parfait.

POLIMATTE.

Je me distingue aussi dans le tragique.

LISETTE.

Dans le tragique ! je ne m'en ferois pas doutée ; vous êtes univerfel.

POLIMATTE.

Je le crois, mais quel est votre genre, Madame ?

LISETTE.

Je ne vous approche que de loin, je fuis bornée au comique. Je jouë ordinairement les Soubrettes, rarement les amoureufes ; quelquefois je me travestis en femme de condition.

D ij

POLIMATTE.

Votre figure noble eſt taillée exprès pour l'amour....

LISETTE.

Nous eſſayerons au premier jour nos talents : pour diverſifier nos plaiſirs, & nous délaſſer ; nous ferons de tems en tems quelque partie de chaſſe ; car je monte à cheval avec autant de grace, que d'hardieſſe. De toutes les chaſſes, celle qui me procure le plaiſir le plus piquant, c'eſt celle du Renard : c'eſt un animal bien fin qu'un Renard. Le dernier que je chaſſai dans mes Terres, étoit un des plus ruſés qu'on ait jamais vû. Il me donna beaucoup de peine ; j'en vins pourtant glorieuſement à bout ; il donna à la fin dans tous les piéges que je lui avois tendus.

POLIMATTE.

Ah, Madame ! vous réuniſſez tout le mérite des deux ſexes.

LISETTE.

De retour à la Ville, la table, le jeu, les concerts, la Comédie partageront mon tems. Certains jours de la ſemaine, aſſemblée de beaux eſprits à la mode : vous y préſiderez.

POLIMATTE.

Ah, divine Sapho ! vous avez l'air d'un ſentiment.

LISETTE.

Cela eſt beau ! comment avez-vous dit, Monſieur ?

POLIMATTE.

Je ſoutiens, Madame, que vous avez l'air d'un ſentiment.

LISETTE.

J'ai l'air d'un ſentiment ! apparemment voilà du neuf, du ſublime ; je n'ai point aſſez d'eſprit pour l'entendre ; mais je l'admire. Enfin je ne veux me régler que par vos avis ; non ſeulement ſur mes Ouvrages, mais encore pour les ſoins de ma Maiſon : vous guiderez même ma conduite ; & je vous regarderai comme un véritable ami.

POLIMATTE.

Je ſens tout le mérite de cette préférence ; mais je crains de ne pas conſerver longtems, le titre flatteur d'ami dont vous m'honorez.

LISETTE.

Pourquoi, Monſieur ?

POLIMATTE.

La preuve en eſt ſimple ; mais victorieuſe : regardez-vous, Madame ! votre miroir vous perſuadera que tous vos amis vous ſont quelque choſe de plus.

LISETTE.

Quelle délicateſſe! l'on ne tient point à cela : ne m'en dites pas davantage ; je crains ce plus; ce plus m'allarme.... qu'il eſt ſéduiſant vis-à-vis de vous! Commerce d'eſprit, converſations ſavantes, amitié tant qu'il vous plaira; rien au-delà.... les peines de l'amour étouffent ſes plaiſirs ; vous ne me perſuaderez pas le contraire , vôtre éloquence eſt vaine , votre peine inutile.... Finiſſez.... de grace, finiſſez donc.... * Quoi vos ſoupirs s'en mêlent? ils agiſſent envain ; ils n'obtiendront rien , pas le moindre retour ; j'y ſuis inſenſible , vous dis-je ; ne les prodiguez pas.... encor.... Ciel ! vos yeux ſe mettent de la partie ; ah quelle trahiſon ! tentative ſuperfluë .... je ne ſuis point faite à ce langage.... regards en pure perte, je ne les entens point ; je ne veux point les entendre ; non , Monſieur, je ne les entens point ; je ne les entendrai jamais. Je vous quitte , adieu Monſieur, adieu.

---

* Polimatte fait pluſieurs lazzis qui répondent aux diſcours de Liſette.

POLIMATTE, *voulant lui donner
la main.*

Madame, fouffrez.

LISETTE.

Ne triomphez pas de ma confufion ;
ne m'accompagnez point.... fongez que
je vous attens ce foir à fouper.

SCENE XII.

POLIMATTE, *feul.*

Quelle petulante & gracieufe vivacité ! quelle conquête aimable !
elle eft également frapée de ma perfonne & de mes écrits... Ménageons cependant Doriman & Lucile jufqu'à la
conclufion de mon mariage avec la Vicomteffe ; & allons faire tenir un contrat tout prêt pour notre feconde entrevuë. Plutus & l'Amour ne font point
aveugles, ils me comblent de leurs bienfaits.

Fin du fecond Acte.

ACTE III.

SCENE PREMIERE.

DORIMAN, ARAMINTE, *un manuscrit à la main.*

ARAMINTE.

Vous ne vous rendez point ? Qu'y a-t-il de plus convainquant, de mieux prouvé ?

DORIMAN.

Je vous le répéte ; si vous voulez que nous soyons amis, ne continuez pas à me parler sur ce ton : je me suis expliqué, ce me semble, en termes assez clairs.

ARAMINTE.

» Mais encore une fois, doit-on con-
» tester, lorsque d'un côté on voit les
» Auteurs originaux, & que de l'autre
» on lit les vols à peine déguisés ? de
» grace jettez-vous-même les yeux sur
» cet endroit.

DORIMAN *lit.*

» Allons donc, il faut la contenter.

ARAMINTE, *pendant que
Doriman lit.*

» Il n'y a pas jusqu'à votre Epître dé-
» dicatoire, dont les phrases ne soient
» prises dans Balzac, ou dans Pline :
» peut-on démontrer avec plus de soli-
» dité....

DORIMAN.

» Cela me surprend un peu, je l'a-
» voüe.

ARAMINTE.

» Grace au Ciel à la fin.....

DORIMAN.

Quoi qu'il en soit, de pareilles minu-
ties ne me détacheront pas d'un homme
essentiel & recommandable par tant
d'autres endroits ; je l'ai laissé avec ma
fille ; il va bientôt se rendre ici. Examinez-le, je vous prie, avec plus d'attention, & jugez par vous-même sans
partialité.....

ARAMINTE.

Une affaire m'appelle ailleurs, mon
frere ; & il me faudroit trop de tems
pour aprofondir ses bonnes qualités : je
vous laisse.

Elle sort.

D v

DORIMAN, *seul.*

La prévention eſt une maladie incurable ; tout eſt préjugé parmi les hommes. Que je ſuis heureux d'en être exempt !

SCENE II.

DORIMAN, POLIMATTE.

DORIMAN.

EH bien, vous avez vû ma fille ; êtes-vous content ?

POLIMATTE.

On ne peut l'être davantage.

DORIMAN.

Je ſuis ravi des diſpoſitions où Lucile eſt pour vous. On travaille au Contrat ; nous partirons ce ſoir ; je ſuis impatient de vous voir mon gendre :

POLIMATTE.

Je le ſuis plus que vous, je vous jure. Cependant mon étoile me force à différer mon bonheur de deux ou trois jours.

DORIMAN.

D'où vient ?

POLIMATTE.

On ſe doit à ſes amis : la fortune de

quelqu'un qui m'est bien cher dépend
de ce retardement.

DORIMAN.

Le motif est trop beau, j'y souscris.

POLIMATTE, *à part.*

Tout réussit au gré de mes vœux.

SCENE III.

DORIMAN, POLIMATTE, FORTUNE', LA FLEUR.

LA FLEUR, *à Polimatte lui rendant plusieurs Lettres & Billets.*

Voici des Lettres pour Monsieur.

POLIMATTE.

On me fait arrivé ; toujours accablé ! tout me rappellera cette maudite
fience !

FORTUNE', *à Doriman.*

Monsieur, on demande si vous y
êtes.

DORIMAN.

Qui est-ce ?

FORTUNE'.

Il n'a pas voulu dire son nom : il a

auſſi demandé ſi Monſieur y étoit.
POLIMATTE.
Comment eſt-il fait ?
FORTUNE'.
C'eſt une eſpéce d'Abbé.
POLIMATTE.
Un Abbé ? Il y en a dés légions en ce Pays ; on n'y voit autre choſe. Ne vous a-t-on pas dit mille fois que je n'y ſuis jamais pour tout ce qui porte une figure ſubalterne, un viſage d'Auteur ? Je ne puis donner audience qu'à mon retour : dites que je n'y ſuis pas.
FORTUNE'.
Monſieur, celui-ci a auſſi bonne mine que vous pour le moins ; il dit qu'il vient de la part de Monſieur Timantoni.
POLIMATTE.
Comment donc, inſolent ?
DORIMAN.
Ah ! je ſçais. C'eſt le Précepteur que l'on m'a propoſé pour mon fils, on m'en a dit beaucoup de bien, il pourroit ſe placer ailleurs. Examinez-le à fond.
POLIMATTE.
Qu'on le faſſe entrer.

SCENE IV.

DORIMAN, POLIMATTE, LISIDOR, *en Précepteur.*

POLIMATTE.

JE le vois ; pendant que je parcourerai quelques-unes de ces Lettres, commencez à l'interroger ? (*à part.*) Eh ! Monsieur l'Ambassadeur ne sauriez-vous, sans moi, acheter ce Cabinet de Médailles ?

LISIDOR, *à Doriman.*

Monsieur, le Signor Timantoni me procure l'honneur de vous faire la révérence ; il a eu celui de vous parler de moi pour Monsieur votre fils.

POLIMATTE, *après avoir lû, à part.*

Pour le coup, Monsieur le Duc, vous vous rendrez fatiguant, toujours des lettres.

DORIMAN *à Lisidor.*

Vous avez sans doute été près de quelques enfans ?

LISIDOR.

Non, Monsieur : ma naissance pa-

roiſſoit bien éloignée d'un tel métier :
auſſi puis-je vous proteſter que vous
ne trouverez en moi de Précepteur que
l'habit.

DORIMAN.

Comment, Monſieur ?

LISIDOR.

Je me vois contraint à chercher dans
mes talens, de quoi prévenir le malheur que je crains : heureux cependant
ſi je puis vous agréer, Monſieur ! puiſ-
que par-là je me verrai en état de m'inſ-
truire, d'aprendre ce que je ne ſai
qu'imparfaitement.

DORIMAN.

Oui, vous ſerez ici à la ſource de toutes les ſiences.

POLIMATTE, *après avoir encore lû, toujours à part.*

Des repas, des ſoupers ! ils n'ont pas
pris datte ſeulement. Ah ! des lectures
de Piéces ! leur tour eſt bien loin.

LISIDOR, *à Polimatte.*

Monſieur, c'eſt encore plus par rapport
à vous que par ma ſituation, que je me
préſente à Monſieur avec empreſſe-
ment : car ſans doute vous êtes M. Polimatte ?

POLIMATTE.

Oui, c'eſt moi-même.

LISIDOR.

Ah ! Monſieur, tout m'obligeoit à le
penſer ; votre air , votre maintien , le
feu de vos regards , votre ſilence ; tout
annonce en vous un ſavant à qui on
doit donner le nom de ſavant par ex-
cellence, de Maître ſavant, de ſavant...
ſavant.

POLIMATTE, *à Doriman.*

Je lui crois du bon ſens.

LISIDOR, *à Polimatte.*

Tous vos écrits vous ont acquis
avec juſtice la réputation d'Auteur vé-
ritablement extraordinaire.

POLIMATTE, *à Doriman.*

Je ſuis aſſez content de lui.

DORIMAN.

Je vous avoue qu'il prévient en ſa
faveur ; voyez ce qu'il ſait.

POLIMATTE.

Soit. L'examen ſera long. Si vous
avez quelque affaire , je l'examinerai
ſeul.

DORIMAN.

Non vraiment ; d'ailleurs je ne me
laſſe jamais de vous entendre.

POLIMATTE, *à Liſidor.*

Vous avez du goût. Poſſédez-vous
vos Auteurs claſſiques ? Cicéron, Vir-
gile, Horace, Perſe, Juvenal ?

LISIDOR.

Quelques-uns ont des endroits obf-
curs, difficiles....

POLIMATTE.

C'eſt-à-dire que vous ne les entendez pas toujours ; j'en vais juger ſur le
champ.

LISIDOR.

Leurs difficultés ont redoublé mes
ſoins ; je puis me flatter....

DORIMAN, *à Polimatte.*

Allons dans ma bibliotheque ; nous y
trouverons tous les livres qu'il nous
faut.

POLIMATTE.

Allons.... cela n'eſt pas néceſſaire,
je les ai tous dans ma tête. Mais ſe van-
teroit-on à moi de ce qu'on ne ſait pas ?
Je vous crois ; êtes-vous verſé dans le
Grec ? Voyons.

LISIDOR.

Je l'ai appris avec beaucoup d'application.

POLIMATTE.

C'eſt une langue dont je fais grand
cas. Paſſons : & l'Italien le ſavez-vous ?
Hem ! il eſt difficile de m'en impoſer.

LISIDOR.

Je m'en apperçois, *Vuole Voſſignoria*
que proviamo a parlar Italiano.

POLIMATTE.

Pas mal, pas mal! Bravo! venons aux talens dont Timantoni a parlé. Quels font-ils?

LISIDOR.

Je fai paffablement la Mufique.

DORIMAN.

Tant mieux, vous nous ferez utile?

POLIMATTE.

Vous êtes Muficien comme les au-tres, machinalement : n'êtes - vous pas auffi, comme tous les Muficiens, fujet à la bouteille & au dérangement de cer-velle ? ce font les attributs de la pro-feffion.

LISIDOR.

Je n'ai pas l'honneur d'être affez Mufi-cien pour....

POLIMATTE.

» Il faut poffeder l'harmonie par l'Al-
» gébre comme moi.... Platon dit....Py-
» thagore foutient, qu'on peut par les
» nombres.... J'enrichirai dans quelque
» tems le Public d'un Traité d'Inftru-
» mens oculaires, ou Mufique pour les
» yeux. Que favez-vous de plus?

LISIDOR.

Je m'amufe avec beaucoup de plaifir à manier le Pinceau.

DORIMAN.

Vous trouverez céans de quoi vous occuper ; car depuis que nous vivons ensemble, j'ai de tout ; par conséquent je me connois à tout.

POLIMATTE.

La Peinture est une vérité fausse ; le spectacle historique de l'Univers ; pour y réussir aussi bien que dans l'éloquence & la Poësie, on doit étudier la Nature ; faire choix de ce qu'elle a de plus beau.

LISIDOR.

C'est où je m'attache ; j'aime la simple & belle nature avec transport.

POLIMATTE.

Ecoutez & profitez ! imitez surtout le naturel, les graces de Michel Ange ; la fierté, le terrible de l'Albâne.

LISIDOR.

Le terrible de l'Albâne ! mille pardons, tout le monde pense au contraire.....

POLIMATTE.

Tout le monde pense mal. Je vous trouve assez partagé de connoissances. M. vous reçoit.

LISIDOR.

Ah! M. votre bonté égale votre savoir.

DORIMAN.

Vous ferez content des conditions.

LISIDOR.

Le feul bonheur de vous être atta-
ché.....

DORIMAN.

Vous vous louerez de mon fils. Il a
plus d'efprit qu'on n'en a à fon âge,
je me flatte que vous lui donnerez tous
vos foins.

LISIDOR.

Ah, Monfieur, je me fens porté bien
plus que je ne puis le dire à me livrer
tout entier à ce qui vous appartient.

POLIMATTE, *à Doriman.*

» Je prétens qu'à quinze ans votre
» fils fache auffi bien que moi les Ma-
» thématiques ; bien entendu que je les
» lui enfeignerai moi-même. (*à Lifidor.*)
» Les avez-vous apprifes ?

LISIDOR, *à part.*

» Feignons pour avancer les inftants
» de voir Lucile. (*haut.*) Non, Mon-
» fieur.

POLIMATTE.

» Quoi, vous n'avez pas au moins
» quelques notions des Eléments ?

LISIDOR.

» N'eft pas qui veut univerfel com-

» me vous. Mon ignorance eſt profon-
» de là-deſſus.

POLIMATTE.

» J'en ſuis au déſeſpoir, j'aime à m'en
» entretenir... C'eſt la ſience des ſien-
» ces... Je me plais dans les infiniment
» petits , les infiniment-grands , les
» Aſymptotes, les Cylindres... les Infi-
» nis Géométriques & Métaphyſiques.

DORIMAN.

» J'entens ſouvent des diſputes là-
» deſſus , où je ne comprens rien. Je
» voudrois ſavoir par exemple , ce que
» c'eſt qu'un Infini-Géométrique ?

POLIMATTE.

» Je vais vous l'apprendre , rien n'eſt
» ſi aiſé. *à Liſidor.* Vous m'aſſurez que
» vous n'avez aucune connoiſſance des
» Mathématiques ?

LISIDOR.

» J'ai eu l'honneur de vous dire que
» je ne les ſavois pas.

POLIMATTE.

» Cela étant , écoutez-moi bien tous
» deux... Une choſe eſt dite Infini-Géo-
» métrique & Métaphyſique , quand la
» dimenſion.... Retenez bien ceci... l'a-
» nalogie étant une contexture..... la
» Trigonométrie.... Suivez mon raiſon-

» nement, il eſt profond…. La toiſe ſe
» meſure par des pieds ; les pieds par des
» pouces ; les pouces par des lignes……
« enſorte qu'Infini - Géométrique eſt
» une choſe qui ne peut ſe meſurer.
» Vous concevez bien cette définition ?

DORIMAN.

» Non, je ne l'entens point du tout.

POLIMATTE.

» Ce n'eſt pas ma faute.

LISIDOR.

» En effet, Monſieur s'eſt expliqué
» d'une maniere très-claire.

POLIMATTE.

» Pour mieux me comprendre, il
» faudroit être éclairé dans la Géomé-
» trie, ſience des Démonſtrations.

LISIDOR, à Polimatte.

» Quelque borné que je ſois là-deſ-
» ſus, je vais, ſi vous me le permettez,
» tâcher de donner à Monſieur, une dé-
» finition qui pourra lui paroître plus
» intelligible. Un Infini….

POLIMATTE.

» Voilà le ridicule de la plûpart des
» gens ; ils ont la fureur de parler de
» ce qu'ils n'entendent pas.

DORIMAN.

Mais je voudrois ſavoir….

POLIMATTE.

Quand je fuis une fois occupé de
Littérature, j'oublie tout. J'ai des réponfes preffées. Je vais les expédier.
(*à part en s'en allant.*) Je n'entens point
parler de ma Vicomteffe, mon impatience eft fans égale, & je vais au devant d'elle.

SCENE V.

DORIMAN. LISIDOR.

DORIMAN.

EH bien ! que dites-vous de Monfieur Polimatte ?

LISIDOR.

Je dis qu'on fort de fa converfation
très-inftruit.

DORIMAN.

C'eft un homme rare, fingulier.

LISIDOR.

Oui, très-fingulier.

DORIMAN.

Il eft unique, imaginatif, excellent
original.

LISIDOR.

Fort original : il y a dans le monde,

plus d'originaux qu'on ne croit.
DORIMAN.
Ne déguisez point ; qu'en pensez-vous ?

LISIDOR.
Monsieur, puisqu'il faut parler franchement à un galant homme comme vous ; se peut-il que vous vous soyez laissé éblouir si longtems par de fausses lueurs ?

DORIMAN.
Comment, Monsieur ?

LISIDOR.
Monsieur, l'idée avantageuse que vous avez de lui fait tout son mérite ; ne venez-vous pas de voir par vous-même à quel point il est superficiel ? hardi, décisif, parlant galimatias sur les choses qu'il a cru que j'ignorois ; embarrassé, changeant de discours sur les matiéres qu'il a vû que je savois, caractere ordinaire des demi-Savants.

DORIMAN.
Ne confondez pas M. Polimatte avec de telles gens ; sans quoi je pourrois bien diminuer la bonne opinion que j'avois d'abord conçue de vous : ce qu'il dit n'est pas à la portée de chacun. Ah, c'est un génie inimitable en

tout ! On rit dans ſes Tragédies ; ſes Comédies font pleurer ; & on trouve le ſens commun dans ſes Opera.

LISIDOR.

Monſieur, vous avez raiſon ; il aura peu d'imitateurs.

DORIMAN.

Hola, quelqu'un ! Qu'on faſſe venir mon fils !

SCENE VI.

DORIMAN, LISIDOR, LA FLEUR.

LA FLEUR.

Monſieur, il eſt avec ſon Maître de Géographie ; il prend ſa leçon.

LISIDOR.

Je ſuis impatient de remplir mon devoir ; permettez-moi d'aller le joindre.

DORIMAN.

Je le veux bien. (*au Laquais,*) Que ma fille deſcende ici.

LISIDOR, *revenant ſur ſes pas.*

Je penſe que je pourrois diſtraire M. votre fils, & ſon Maître auroit à me le reprocher.

DORIMAN.

DORIMAN.

Oui, vous avez raison, restez : (*à part.*) je ne serai pas fâché d'entendre raisonner plus à fond cet homme-ci. (*à Lisidor.*) Vous serez étonné des talens de Lucile ; mon systême est que les Dames naissent avec plus de dispositions que nous pour les Belles-Lettres ; aussi, ma fille posséde l'Histoire, la Fable, la Géographie ; elle a quelque teinture de Poësie, elle déclame à merveille, je lui ai donné depuis peu un Maître Italien ; fort habile & très-honnête-homme ; outre cela , elle peint toutes sortes de sujets, & fait fort bien la Musique.

LISIDOR.

Je suis persuadé qu'elle rassemble toutes les perfections.

DORIMAN.

» Ah ! si mon Pere avoit fait pour » moi, ce que je fais pour mes enfans, » qu'il n'eût rien épargné pour me pro-» curer toutes sortes de bons Maîtres ; » je serois devenu un fort habile hom-» me , je suis né avec beaucoup de » goût ; j'ai eu dès mon enfance la loua-» ble ambition de tout savoir....

E

SCENE VII.

DORIMAN, LUCILE, LISIDOR.

DORIMAN.

VOici ma Fille, (*à Lucile.*) Monfieur vient pour être Précepteur de votre Frere.

LUCILE.

Il n'en a pas l'air, mon Pere.

LISIDOR.

Quelque heureux qu'il foit pour moi d'avoir l'agrément de Monfieur ; je ne fentirai mon bonheur qu'autant que je m'appercevrai que je ne fuis point défagréable à Mademoifelle.

LUCILE.

Ce que je fais de vous, Monfieur, & ce que je vois, fait beaucoup en votre faveur ; & fi j'étois confultée....

DORIMAN.

Il fe connoît en peinture : faites-lui voir cette tête d'après Rimbrand dont les Connoiffeurs font fi contens. ... A propos, Monfieur jugera mieux de vos talens fur un ouvrage de votre invention. (*au laquais.*) Qu'on apporte le dernier tableau , où ma fille travailloit, il est au-dessus de son Clavecin.

LUCILE.

Mon Pere, il n'est pas encor achevé.

DORIMAN.

N'importe, M. jugera de ce que vous pouvez faire par ce que vous avez fait.

LUCILE, *à part.*

Que ce moment est terrible pour moi !

DORIMAN *à Lisidor.*

Vous lui en direz votre sentiment avec sincérité.

LISIDOR.

Ah ! Monsieur, je vous promets de vous obéir à la lettre ; je dirai à Mademoiselle tout ce que je pense ; pourvû qu'elle ne s'en offense point.

LUCILE.

Bien loin de m'en offenser , je me joins à mon Pere , pour vous prier de me parler à cœur ouvert ; je suis disposée à profiter de vos avis. (*à part.*) Je tremble.

LISIDOR.

Mon zéle ne vous en donnera jamais...

SCENE VIII.

DORIMAN, LUCILE, LISIDOR,
LAFLEUR *apporte le Tableau. Il*
le met sur un Chevalet.

DORIMAN.

Voici le Tableau ! examinez-le en
détail, avec soin. Eh-bien, Monsieur, que vous en semble ?

LISIDOR, *bas à Lucile.*

Ciel ! que vois-je, adorable Lucile !
(*haut.*) J'y découvre de grandes beautés,
un bon choix de couleurs, de la naï-
veté, des graces, une vérité qui m'en-
chante. (*bas à Lucile.*) Quoi j'y trouve
Lisidor.

LUCILE, *bas à Lisidor.*

Taisez-vous donc ?

DORIMAN.

Parlez naturellement, sans flatterie,
Monsieur : comment vous paroît-il ?

LISIDOR.

Puisque vous m'ordonnez de dire
mon sentiment; j'ai quelque peine à dé-
meler ce sujet. Je vois un Amour dont

le flambeau eſt à l'écart ; qui a ſon bandeau ſur la bouche , au lieu de l'avoir
ſur les yeux ; ſon carquois mêlé de
fleurs avec les fléches.....Une bergere.... Lé temps.... l'hymen....
Tout cela me paroît aſſez difficile à
comprendre ; & pour mieux juger du
tout enſemble , il faudroit d'abord con-
noître le ſujet.

DORIMAN, *à Lucile.*

Expliquez-le-à Monſieur.

LUCILE.

Une vérité qui me frapa, il y a quelque tems, m'en a fourni l'idée. L'Amour
dont vous voyez le bandeau ſur la bouche eſt un amour éclairé qui impoſe le
ſecret en aimant : ſon flambeau à l'écart
fait voir que l'éclat ne convient pas
aux grandes paſſions ; ſon carquois mêlé de fléches & de roſes, prouve que,
comme la roſe a ſes épines, l'Amour a
ſes peines ; & le Temps fait approcher
l'hymen de l'Amour , pour conſoler la
Bergere aſſiſe ſur ce gazon , en ſorte
que tout ſe réduit à penſer , que la
prudence , le ſecret & la perſévérance
ſurmontent en aimant les plus grands
obſtacles.

E iij

LISIDOR.

Fort bien ; l'imagination en eſt charmante ; rien n'eſt plus clair ; je conçois
que la réfléxion a beaucoup de part à
votre ouvrage , tout m'y paroît délicat.... Juſteſſe dans le deſſein , Or-
donnance bien entenduë ; Nobleſſe dans
les figures . . . . des Graces par tout.
L'Amour même ſemble avoir conduit
votre pinceau ; mais à ne vous rien ca-
cher ; je voudrois plus de vivacité , plus
d'expreſſion dans le viſage de cette Belle , je ne trouve pas ſon attitude aſſez
parlante.

DORIMAN, *à Lucile.*

Soyez attentive , Monſieur paroît
raiſonner fort juſte.

LUCILE.

Je n'en perds pas un mot.

LISIDOR.

Les yeux , ſurtout les yeux ; l'ame de
la beauté ; ſont le miroir de l'amour ; ils
ne diſent pas , ces beaux yeux , ce qu'ils
peuvent dire , ils ne ſont pas auſſi ani-
més , que je m'imagine qu'ils devroient
l'être. Non, la ſatisfaction de la Bergere , n'eſt pas exprimée avec ardeur ,
ſa joye ne ſe manifeſte pas aſſez.

DORIMAN *à Lucile.*

Vous voilà toute étonnée, toute dif-
traite.

LUCILE.

Point du tout, je fuis attentive.

LISIDOR *à Doriman.*

Vous m'avez ordonné d'être fincere.

DORIMAN.

Oui, vous ne fauriez me faire un
plus grand plaifir ; dites-lui tout ce que
vous penfez.

LISIDOR.

C'eft mon deffein ; & pour vous en
convaincre, je vais m'expliquer encor
plus intelligiblement ..... Sans détour.....
Suppofons dans ce moment, que vous
êtes cette même Bergere ; & je m'imagi-
nerai pour un inftant auffi que je fuis
l'Amour, ou l'Amant ; Monfieur fera
le Juge du dégré de tendreffe & de
l'attitude que vous auriez dû donner
à vos figures ..... Feignons-nous donc
les originaux de ce tableau .... Pan-
chez, je vous prie, négligemment, mais
gracieufement la tête.... Fort bien ...
Arrêtez fur moi tous vos regards....
Fixez-moi fans crainte : M. le permet...
Sans crainte.....

E iiij

DORIMAN, *à Lucile*.

Faites ce que Monsieur vous dit.

LISIDOR, *à Doriman*.

Les exemples rendent les choses plus touchantes que les discours.

DORIMAN.

Sans doute.

LISIDOR *à Lucile*.

Ainsi regardez - moi tendrement.... plus tendrement encore.... plus tendrement, s'il se peut. L'excès en amour, est une vertu..... Oui, comme cela..... Vous y êtes.... Vous y voilà. Animez toute votre personne, comme si je venois vous dire.... Non, rien ne me séparera de vous; la mort seule peut nous désunir. Que répondriez-vous, si vous étiez à la place de cette Bergere? voyons.

LUCILE.

À la place de cette Bergere? je vous jurerois une fidélité à toute épreuve; je vous protesterois que, quelque effort....

DORIMAN, *à Lisidor*.

Mais, qu'a de commun....

LISIDOR.

La Peinture, comme vous savez, Monsieur, est une imitation de la Nature.... Quand on a l'imagination bien frappée de son sujet, on se transformé en ce qu'on veut peindre ; & voilà ce qui fait que je suis charmé de Mademoiselle ; on ne peut avoir une pénétration plus heureuse. Je suis d'un contentement inexprimable ; vous devez être fort satisfait aussi, de ce que vous venez de voir.

DORIMAN.

Vous raisonnez principes ; je n'ai de ma vie entendu parler peinture comme vous.

On ôte le tableau.

SCENE IX.

DORIMAN, LUCILE, LISIDOR, LA FLEUR.

LA FLEUR, *à Doriman.*

Monsieur, Madame votre sœur vous demande.

DORIMAN.

Ah ! voici quelque nouveauté ! voyons de quoi il s'agit ; je reviens sur le champ. (*à Lisidor.*) Faites à Lucile, je vous prie, quelques questions sur la Musique.

E v

LISIDOR.

J'agirai avec la même sincérité ; &
je suis persuadé que Mademoiselle ne
contente pas moins les oreilles que les
yeux.

SCENE X.

LISIDOR, LUCILE.

LISIDOR.

ENfin , graces à mon déguisement ,
je me trouve seul avec vous ! charmante lucile , que ne vous dois-je
point ! que je suis pénétré de ce que je
viens de voir ! quoi ! vos belles mains
s'occupent à tracer les traits de Lisidor !
une Passion éternelle pourra-t-elle
m'acquitter d'une faveur si précieuse ?

LUCILE.

Je n'ose répondre à vos transports ;
mon esprit est si embarrassé ; mon cœur si
agité , qu'à peine ai-je la force de parler.... Ah , que je crains le malheur qui
nous menace !

LISIDOR.

Et moi je me flatte.... j'espere beaucoup ; on travaille à désabuser Mon-

fieur votre Pere ; ma naiffance & mon
bien lui font connus ; Madame votre
Tante Araminte, chez qui j'ai eu le bonheur de vous connoîtré, fe promet tout,
& mon Rival eft prêt à donner dans le
piége qu'on lui a dreffé.

LUCILE.

C'eft ce que je ne puis croire : mille
accidents peuvent traverfer notre pro-
jet.... Hélas ! ....

LISIDOR.

S'il ne réuffit pas, que deviendrai-je ;
que deviendrez-vous vous-même ?

LUCILE.

La feule reffource qui me refte, fera
de ne plus feindre. On ne fçauroit me
marier malgré moi : fi mon Pere ne fe
rend pas, je fuis réfoluë de lui aprendre non feulement ma tendreffe pour
vous ; mais encore mon averfion invincible pour Polimatte : par-là, je m'atti-
rerai toute fa colere ; notre maifon ne
fera pour moi qu'un enfer domeftique,
je le fai ; mais n'importe, je me con-
ferverai pour vous ; j'attendrai un tems
plus heureux.

LISIDOR, *fe jettant à fes genoux.*

Ah ! ç'en eft trop, adorable Lucile !
Quel excès de tendreffe ne vous dois-

E vj

je pas ! Que n'ai-je mille cœurs à vous
offrir !

LUCILE.

Levez-vous , j'entens quelqu'un.....
C'est Araminte.

SCENE XI.

LISIDOR , LUCILE, ARAMINTE.

LUCILE, *vivement.*

EH bien , ma chere tante ! mon pere
se rend-t-il ? L'avez-vous persuadé ?

ARAMINTE.

Pas encore , mais peut-être.....

LUCILE.

Agissez, je vous en conjure ; ne vous
rebutez pas ; ma chere tante , priez ,
pressez......

LISIDOR.

Ah , Madame , je vous devrai le bonheur de ma vie !

ARAMINTE.

Mon frere va se rendre ici ; retirez-
vous ; il ne faut pas qu'il nous trouve
ensemble.

LUCILE.

Mais si mon pere.....

ARAMINTE.

Encore. Je l'ai déja ébranlé ; éloignez-vous, vous dis-je... Je l'entens ; vous paroîtrez quand il en fera tems.

(Ils s'en vont.)

(*Seule.*) Non, je n'aurois jamais imaginé que l'entêtement de Doriman pût aller fi avant. Je ne fai par quel charme Polimatte l'a féduit au point de le préférer......

SCENE XII.

DORIMAN, ARAMINTE.

DORIMAN.

C'Eſt pour vous confondre, & non pas pour être convaincu que je veux bien me prêter à votre épreuve ridicule ; je fai par mon expérience à quoi m'en tenir. La vivacité de fon amitié pour moi.....

ARAMINTE.

Voici l'heure du rendez-vous que notre fauffe Comteffe lui a donné ; vous êtes déja un peu moins prévenu fur fa fience ; dans peu vous connoîtrez juſqu'où va fon attachement pour vous.

DORIMAN.

Toutes vos tentatives feront inutiles ; je connois à fond l'étenduë de fa
reconnoiffance ; il a le cœur excellent.
Ah ! ... fi vous faviez avec quels éloges, il parle de moi dans toutes les oc-
cafions.....

ARAMINTE.

Vous jugerez bientôt du motif qui le
fait agir..... Je les apperçois ; entrons
dans ce cabinet, d'où nous pourrons
tout entendre.

SCENE XIII.

POLIMATTE, LISETTE.

Doriman & Araminte dans une couliffe.

LISETTE.

Que vous êtes preffant.... fongez-
vous que nous n'en fommes qu'à la
feconde entrevuë ?

POLIMATTE.

Ah, Madame, la premiere a décidé
de ma deftinée ; elle a allumé dans mon
cœur une paffion, à laquelle on ne
peut comparer que l'immenfité de vos
charmes ; ne pourrai-je obtenir cet
aveu favorable ?

LISETTE, *feignant de parler à part.*

Je prévoyois le danger, pourquoi m'y suis-je exposée?

POLIMATTE.

Madame, accordez à l'excès de mon amour......

LISETTE.

Attendez.... Ma liberté.... votre mérite... Quoi, je balance... Ah ! je suis entraînée ; je céde ; votre mérite est le plus fort.... Il emporte l'équilibre ; la sympathie triomphe, vous voulez ma main, il faudra se rendre.

POLIMATTE.

Ah, Madame, est-il bien vrai ! quel comble de joye !

ARAMINTE, *à Doriman.*

Vous entendez.

LISETTE.

Oui, je sens que nous sommes faits l'un pour l'autre ; ah ! vous êtes mon Apollon, vous m'inspirez ; dans ce moment même, à l'heure que je vous parle, je travaille à une scène de Comédie des plus frapantes ; vous m'êtes nécessaire ; je ne saurois la bien finir sans vous. Si vous voulez me seconder, le succès est infaillible. Je touche au dénouement.

POLIMATTE.

Disposez de tout mon esprit ; mais il

faut qu'il foit dans une affiette tranquille ; il ne peut l'être que par la pof-
feffion de votre cœur & de vôtre main ;
ne différez plus ; affurez mon bonheur ;
courons chez le Notaire.

LISETTE.

Je ne le cache point, je fuis plus em-
preffée que vous à terminer tout ceci.
Allons... Hélas !... Mes yeux fe remplif-
fent de pleurs malgré moi.

POLIMATTE.

Que vois-je ! quelles triftes penfées
viennent traverfer de fi doux momens.

LISETTE.

Une réfléxion bien naturelle m'ac-
cable ; je fuis informée de vos engage-
mens avec Lucile ; vous deviez l'épou-
fer ; elle eft jeune ; elle eft belle ; peut-
être l'aimez-vous encore ?

POLIMATTE.

Connoiffez mieux vos charmes.
D'ailleurs je n'ai jamais rien fenti pour
elle ; fauffe avec un air d'ingénuité ;
coquette fous un maintien modefte ;
petit efprit fuperficiel à qui j'étois in-
différent, faute de lumiéres; je l'époufois
uniquement par bonté pour Doriman.

DORIMAN, *à part.*

Qui ?

LISETTE.

Mais l'eſtime que vous avez pour lui...

POLIMATTE.

Moi ; de l'eſtime pour lui ! j'ai trop
de diſcernement pour la placer ſi mal.

ARAMINTE, *à Doriman.*

Voilà le prix de vos bienfaits.

POLIMATTE.

C'eſt le plus mince génie ; glorieux
comme un riche Bourgeois annobli ,
ſans goût , ſans jugement.

LISETTE.

Cependant il fait tant de cas de vous.

POLIMATTE.

C'eſt tout ce que je lui connois de
bon.

DORIMAN, *à part.*

L'impertinent !

LISETTE.

Tout m'allarme : la reconnoiſſance
pourra vous rapprocher.

POLIMATTE.

De la reconnoiſſance ! c'eſt lui qui
m'en doit aſſurément. Mon commerce
lui a donné cette lueur d'eſprit qui le
rend ſupportable : que de ſoins ne m'a-
t'il pas couté ? En combien de façons
ne m'a-t'il pas ennuyé ? J'étois obligé
de parler, d'écrire, d'agir, de penſer

pour lui : car il ne penfe non plus que nos jeunes Marquis : il n'a jamais penfé; ce n'eft pas fon talent.

DORIMAN.

Ç'en eft trop, je n'y puis plus tenir... (à *Polimatte.*) Pour vous prouver que je fais penfer & agir par moi-même......

POLIMATTE.

Je ne vous favois pas fi près de moi.

DORIMAN.

Je ne m'abaifferai point à me plaindre de vous ; tout eft terminé entre nous.

POLIMATTE.

Je venois me dégager ; nous ne fommes pas faits pour vivre enfemble ; allons, Madame la Vicomteffe....

FORTUNE'.

Non pas, s'il vous plaît, Madame la Vicomteffe n'eft pas un morceau pour vous ; viens ma chere.

POLIMATTE.

A qui parle donc cet impertinent ?

LISETTE.

A moi, Monfieur, & je me fens plus de goût pour le valet que pour le Maître.

FORTUNÉ.

Je le crois bien.

POLIMATTE.

Que signifie . . . .

ARAMINTE.

En vérité, Lisette, tu as fait des mer-
veilles !

POLIMATTE.

Je ne débrouille point ce problême.

LISETTE.

Je vais vous l'expliquer. J'ai l'honneur d'être femme-de-chambre de Madame.

POLIMATTE.

Ah, je suis joüé !

LISETTE.

Quelle pénétration !

POLIMATTE, *à Fortuné.*

Et toi, maraut, tu étois donc d'in-
telligence ? . . . .

FORTUNE'.

Point d'invectives, ni d'éclaircisse-
ment; en faveur de ma nôce, je vous
fais présent de mes gages, & je prens
mon congé.

POLIMATTE, *en s'en allant.*

Partons, fixons-nous dans des cli-
mats où le mérite connu enchaîne la
fortune.

SCÈNE XIV.

TIMANTONI, *& les Acteurs précédens.*

JE vois avec satisfaction la retraite de Polimatte. Si per le remplacer, vous avez befoin, Monfou , d'un Savant, qui n'eft point oun ignorant....

DORIMAN.

Je renonce à eux pour toute ma vie.

SCÈNE XV. & derniere.

LISIDOR, LUCILE, *& les Acteurs précédens.*

LISIDOR.

MOnfieur , j'adore depuis longtems Mademoifelle Lucile , & je vous aurois fupplié de me l'accorder, fans la prévention que je vous connoiffois pour Polimatte.

DORIMAN.

Ah , ah ! Monfieur le Précepteur.....

LISIDOR.

Pardonnez-moi ce ftratagême. L'amour fait tout entreprendre.

TIMANTONI.

Voyez oun pour la Roufe !

LUCILE.

Mon Pere , de grace , faites notre bonheur !

LISIDOR.

Monfieur , je vous en conjure....

TIMANTONI.

Si je croyois que mes fouplications...

ARAMINTE.

Ne balancez plus , mon Frere ; j'affure par ce mariage , après moi, tout mon bien à ma niéce.

DORIMAN, *à Lifidor.*

Soyez heureux, Monfieur ! ma Fille eft à vous.

LISIDOR.

Ah, Monfieur, quelle reconnoiffance!

DORIMAN.

Vous me la témoignerez mieux, après que le Contrat fera figné ; Entrons.

LISIDOR, *à Lifette.*

Suis-moi , Lifette ! tu as contribué à mon bonheur , je veux faire le tien.

FORTUNÉ.

Il eft tout fait , puifque je l'époufe.

LISETTE.

Ce que Monfieur y ajoutera , ne gâtera rien,

FORTUNÉ.

Plus de Comtesse au moins.

TIMANTONI.

Enfin per mon savoir faire, nos Amans sont satisfaits ; je le souis aussi, ma tou lou monde l'est-il ? Ce doute trouble ma joye, je n'ose l'approfondir, (*au Parterre.*) C'est à vous, *Carissimi Signori*, à m'éclaircir.

F I N.

APPROBATION.

J'Ai lû par ordre de Monseigneur le Chancelier, *le Faux Savant* Comédie. Je crois qu'on en peut permettre l'impression, Fait à Paris, ce 19. Août 1749.

DE CAHUSAC.